58

新知
文库

XINZHI

Hash:
The Secret and
Chilling Story
Behind the Drug's
Deadly Underworld

Hash: The Secret and Chilling Story Behind the Drug's Deadly
Underworld By WENSLEY CLARKSON

Copyright © 2013 BY WENSLEY CLARKSON
This edition arranged with Quercus Editions Limited
Through BIG APPLE AGENCY, INC., LABUAN, MALAYSIA.
Simplified Chinese edition copyright:
2015 SDX JOINT PUBLISHING CO. LTD.

哈希的故事

世界上最具暴利的
毒品业内幕

［英］温斯利·克拉克森 著

珍栎 译

生活·讀書·新知 三联书店

Simplified Chinese Copyright © 2015 by SDX Joint Publishing Company.
All Rights Reserved.
本作品简体中文版权由生活·读书·新知三联书店所有。
未经许可,不得翻印。

图书在版编目(CIP)数据

哈希的故事:世界上最具暴利的毒品业内幕/(英)克拉克森著;
珍栎译.—北京:生活·读书·新知三联书店,2015.10 (2018.12 重印)
(新知文库)
ISBN 978−7−108−05305−3

Ⅰ.①哈…　Ⅱ.①克…②珍…　Ⅲ.①毒品−刑事犯罪−世界−普及读物　Ⅳ.① D914-49

中国版本图书馆 CIP 数据核字(2015)第 066019 号

责任编辑	李　佳
装帧设计	陆智昌　康　健
责任印制	徐　方
出版发行	生活·讀書·新知 三联书店
	(北京市东城区美术馆东街 22 号 100010)
网　　址	www.sdxjpc.com
图　　字	01−2015−5432
经　　销	新华书店
印　　刷	三河市天润建兴印务有限公司
版　　次	2015 年 10 月北京第 1 版
	2018 年 12 月北京第 3 次印刷
开　　本	635 毫米 × 965 毫米　1/16　印张 15
字　　数	178 千字
印　　数	13,001−18,000 册
定　　价	32.00 元

(印装查询:01064002715;邮购查询:01084010542)

新知文库

出版说明

在今天三联书店的前身——生活书店、读书出版社和新知书店的出版史上，介绍新知识和新观念的图书曾占有很大比重。熟悉三联的读者也都会记得，20世纪80年代后期，我们曾以"新知文库"的名义，出版过一批译介西方现代人文社会科学知识的图书。今年是生活·读书·新知三联书店恢复独立建制20周年，我们再次推出"新知文库"，正是为了接续这一传统。

近半个世纪以来，无论在自然科学方面，还是在人文社会科学方面，知识都在以前所未有的速度更新。涉及自然环境、社会文化等领域的新发现、新探索和新成果层出不穷，并以同样前所未有的深度和广度影响人类的社会和生活。了解这种知识成果的内容，思考其与我们生活的关系，固然是明了社会变迁趋势的必需，但更为重要的，乃是通过知识演进的背景和过程，领悟和体会隐藏其中的理性精神和科学规律。

"新知文库"拟选编一些介绍人文社会科学和自然科学新知识及其如何被发现和传播的图书，陆续出版。希望读者能在愉悦的阅读中获取新知，开阔视野，启迪思维，激发好奇心和想象力。

三联书店
2006年3月

献给扎伊德，他为哈希付出了生命。

本书内容所揭示的均为真人真事,为此有些人物的姓名为化名,以便保护他们的身份。

全世界的人口中有4.4％的人（约1.9亿人）吸食大麻，有0.6％的人（约2500万人）每天吸食。

大麻是一种利润丰厚的经济作物，全球的总产值为358亿美元，超出玉米（233亿美元）和小麦（75亿美元）产值的总和。

在英国《反药物滥用法》(*Misuse of Drug Act*)控制的所有非医疗用途的药物中，大麻是滥用范围最广的一种。总体而言，英国至少有125万的大麻常用户；约有1000万人承认尝试过。在达到合法饮酒年龄的人口中有超过三分之一（约230万人）在他们的有生之年至少尝试过一次。

那些所谓的王国不就是大型的犯罪集团吗？那些所谓的小犯罪集团不就是一些小王国吗？犯罪集团由一名首领统辖，其成员之间关系紧密；对于掠夺来的财富，他们根据公约在内部进行分配。假如一个犯罪集团在道德沦丧的人群里招募到了众多的成员，它便攫取地盘，建立基地，霸占城市并盘剥百姓。它公开地宣称自己是一个王国。

——圣奥古斯丁（Saint Augustine）

目 录

作者的话   1

第一部分   摩洛哥：罪恶的发源地   13
  第一章   "基弗"王国的秘密   23
  第二章   农夫哈桑   34
  第三章   奸商莱夫和法拉   38

第二部分   西班牙：哈希的新拓疆土   45
  第四章   哈希大亨扎伊德   51
  第五章   阳光海岸的哈希王   58
  第六章   杰夫和帕特——父子店   67
  第七章   失业青年巴尼   75
  第八章   英国囚犯比利   83
  第九章   "外国帮"成员埃迪   90

第三部分   阿姆斯特丹：哈希贸易的门户   97
  第十章   "白手套"尼尔斯   103

第四部分   哈希在英国   111
  第十一章   女飞行员蒂娜   115
  第十二章   当"骡子"的简护士   122

第十三章	上层客户经销商米基	130
第十四章	佩里和戴夫：高档哈希的走私团队	135
第十五章	品鉴专家汤姆	139
第十六章	街头商贩莱恩	146
第十七章	金融家西里尔	153
第十八章	专业顾问提格	158
第十九章	来自阿尔巴尼亚的黑帮	168
第二十章	走私大师托尼	176

第五部分 执法部门面临的困境 181

第二十一章	西班牙国民警卫队	185
第二十二章	摩洛哥侦探老莫	193
第二十三章	英国执法部门的努力	198

第六部分 关于全球哈希贸易的调查 205

| 第二十四章 | 世界各国哈希交易一瞥 | 207 |

附录 有史以来最大的十二起哈希缉获案 223

作者的话

欢迎访问"哈希"的世界。

哈希（hash，hashish）是一种被视为最易于为社会所接受的娱乐性药物（recreational drug）。然而，哈希贸易，这个年利润高达数十亿美元的行业里充满了邪恶行径和犯罪活动，其触角伸至世界的各个角落，从贫困的农民到职业犯罪分子，不计其数的人以此谋生。在这个阴森恐怖的犯罪网络里，聚集着冷酷无情的毒枭、黑帮、商人和腐败的警察，甚至包括恐怖主义分子，他们为了达到攫取巨额利润的目的，不惜采取性利诱、恐吓、贿赂和凶杀等各种毒辣的手段，无所不用其极。

据估计，哈希是全球有组织的犯罪集团最大的经济收入来源。

世界各国的执法机构往往将严厉打击的重点放在其他所谓更致命、更烈性的毒品上，因此，哈希不仅未能从人们的生活中被铲除，其走私贸易活动反而得以日益发展壮大。

甚至连联合国都承认，其试图铲除哈希的计划项目最后也以失败而告终。各国政府在依法打击哈希的同时，理应建立替代的生产发展项目，以帮助无法种植大麻的农民来解决收入骤减的问题。然而事实上,当局常常只诉诸严厉打击,而并未采取任何经济的或其他积极的发展措施,其结果是,农民们得不到经济上的援助,为了生存,只能重操旧业。

那么,哈希究竟是什么东西呢?它是如何令世界上无数的人沉迷上瘾的呢?

哈希是大麻的浓缩制品,由雌性大麻植物的树脂制成。它所含的δ-9-四氢大麻酚,简称THC,可以导致吸食者产生欣快亢奋的感觉。哈希中的THC含量最高可达35%,而其他种类的大麻制品的THC含量通常仅有5%—15%。哈希的THC强度取决于用于提炼它的大麻植物的THC强度。

哈希吸食者坚称,它可以改变人的感官体验以及对周围世界的看法,它对人体是无害的。批评者则认为,经常吸食哈希可以导致心理依赖性,并且摧毁人的动力感官。

制作哈希可以采用两种方法,这取决于世界各地使用的不同技术。摩洛哥人采用的是"筛分法",即在植物收获和晒干之后,采集并筛分大麻花序的树脂腺——其中含有主要的活性物质——浓缩的四氢大麻酚。在黎巴嫩的贝卡谷地,人们也喜欢用筛分法。贝卡谷地出产的黎巴嫩红大麻一直以其品质高档而著称于世,不过自1990年代初以来,中东地区的暴力冲突导致了其产量下降。

另一种哈希制作技术是"手搓法",即用手掌和手指来回搓磨开花大麻的枝条,直到树脂积淀到手上。这种操作程序比"筛分法"的技术性低,见于亚洲的一些地区,主要是印度,也包括克什米尔和尼泊尔。

筛分比手搓容易,生产效率也比较高。一个手搓采集者用一个完整的工作日才能获得10—25克的哈希,而用"筛分法"仅几个小时就可制作1公斤的哈希。用"筛分法"制作的哈希成品药效更强，因为植物上的树脂几乎没有任何残留。

※※※※※※

我对哈希犯罪黑社会的秘密产生兴趣，始于二十多年前。当时我在着手调查英国的一个最臭名昭著的职业罪犯，我们管他叫"H"。此人在1980年代是伦敦的一个银行抢劫犯，然而他的一个老同伙向我透露说，大麻才是这个家伙的最大财富来源。在那时的伦敦，实施抢劫被称之为"割腕自杀"，因为它的风险巨大。毒品生意才是真正能赚大钱的渠道。由于英国当局那时已经开始严厉打击可卡因（cocaine）和海洛因（heroin），所以H坚持只做大麻交易。H深信，大麻对他来说比较"安全"，一旦被捕，执法部门会对他比较宽大。而且，我最终发现，H从哈希获得的利润是他从任何抢劫犯罪中所获金钱的上百倍。

于是，我便开始逐步揭开黑社会的一个特殊层面，在过去的四十年里，它基本上不为世人所知。这一调查活动最终把我带到了世界上的许多地方，因为哈希的影响实在是全球性的。

每当谈到哈希，我认识的很多人只是耸耸肩膀，好像它是司空见惯的东西，几乎不值一提。政府当局则经常疲于应付其他优先事务，对抓捕哈希黑帮无暇顾及。正如一个老派英国罪犯告诉我的："大多数警察部门对哈希不大感兴趣；恶棍们则宣称它是无害的。"这种现象充分地表明，这个非法行业已经被放任发展，从而膨胀为利润高达数十亿美元的全球性毒品网络。

世界上的主要哈希产地均在一些最贫穷的国家，那里的农民只能通过种植大麻来维持生计。许多农民表示，他们或许也愿意栽种蔬菜或放牧牛羊，但是，只有哈希可以给他们提供最有保障的收入。相对来说，大麻是最容易生长的，农民们知道，即使极端骤变的气候也不太会影响他们的收成。

以摩洛哥的里夫山区（Rif Mountains）为例，其人口相当于威尔士，估计至少有70%的居民依赖制作哈希为生。由于哈希生产雇用了如此多的劳动力，致使许多人相信，摩洛哥政府已经有意地"退出"了对该地区的管辖，几乎允许它完全自治。

此外也十分清楚，在世界上的许多所谓的动荡地区，大麻作物为恐怖主义组织提供了经济资助。例如，在饱受战争创伤的阿富汗，塔利班组织掌控着哈希的生产根据地，以资助那些穷凶极恶的叛乱分子，给他们提供给养和装备。

专家们认为，在过去的二十年中，由于黑帮和恐怖分子向大麻种植农持续施压，不断要求更多供货，促使世界范围内的大麻产量几乎翻了一番。

我最早见过的大麻走私犯中，有一个名叫托尼的，他是来自英格兰东南部肯特郡的职业罪犯。近四十年前，他在一个黑帮的支持下成立了一家"运输公司"，开始从阿富汗和土耳其走私大麻。当时搞这种贩运是一个危险的旅程，现在依然如此。托尼的手下多年来一直如此驱车上万公里往返运输，因为哈希的利润始终是非常的丰厚。

几乎在货运抵达英国的一个月内，托尼及其强大的秘密专业组织就能保证从他们的"现金投资"中得到五倍的回报。"哈希对我来说只是一种商品，我做生意得要赚钱，事情就是这么简单。"托尼说。

在世界各地，由黑社会资助贩运大宗哈希的案例十分多见。托尼公司的卡车总是以运输水果和蔬菜等合法货物作掩护，这些货物本身往往也在英国出售，获得额外的合法利润。

然而，随着对哈希生意内幕的调查不断深入，我逐渐地意识到，它的风险跟所谓A类毒品生意是同样大的。我曾听说，哈希黑帮动辄雇用杀手，毫不留情地除掉任何胆敢侵占他们地盘的其他帮派成员。我发现，我本人在接触哈希大亨时，跟接触任何哥伦比亚的可卡因走私犯或土耳其的海洛因走私犯同样地感到紧张不安。

我偶然碰到过荷兰的一个游艇主，名叫杰克。有人悬赏他的首级，因为他走私哈希的船出了事故，在马略卡岛附近的海里沉没了，他的两个最好的搭档不幸遇难。他解释说："那批哈希货是由我负责，已经付了货款的罪犯们认定我欠他们的全部货钱，至今还在追杀我，尽管那批货早已跟我的两个朋友的尸体一起沉到海底去了。"

那一悲惨的海难已经过去了五年，但杰克确信，黑社会仍然在悬赏捉拿他。他时刻小心防备，每隔几个月就换一次住处。"我别无选择。如果我去见他们，求他们高抬贵手，他们很可能会当场杀了我。只要他们认定那批货是我的责任，他们就不会罢休，除非我把全部的哈希还给他们。"

由此看来，跟其他重量级犯罪集团相比，以哈希生意的名义犯下的暴行同样是惨无人道的。另一个名叫比利的哈希走私犯，是住在西班牙南部的英国逃犯，他告诉我，在马贝拉附近的一家英国酒吧里，他在众目睽睽之下遭到两名男子用棒球棍毒打，因为有人怀疑他公开议论了他的哈希老板。

比利耸了耸肩膀，叙述说，歹徒们随后把他拖到街上，继续往死里打他。最后，他们将半昏迷的比利扔在排水沟里示众。这是典型的犯罪报复行径，蓄意在公共场合实施，旨在发出警告，让其他胆敢放肆胡言的蠢货们识相闭嘴。

在本书的调研过程中，我遇到许多的案例，证实了有关哈希生意的暴力和破坏性。随着采访范围的扩大，我越来越清楚地认识到，哈希的犯罪势力遍布全球，广泛地影响着来自不同阶层和背景的各类人等的生活。它的驱动力最终就归结于一点，即追求利润最大化。这是毒枭们唯一所关心的。对于那些实际从事生产和走私的人们所承受的艰辛和风险，他们则完全漠不关心。在毒枭们的眼里，哈希交易同任何其他生意并无区别。假如不能确保自己获得丰厚的油水，他们会很乐意掺入其他杂质以"加大"哈希的分量，来保持高额利润。

在服用娱乐性药物的人们当中，普遍存在着一种误解，即以为哈希总是百分之百纯正的。"这完全是无稽之谈"——任何一个哈希大亨都会在私下里对你这么说。可卡因商品里掺进了各式各样的东西，如婴儿泻药或面粉，他们的用户对此已经见惯不惊了。但是，如果问及哈希用户同样的问题，他或她几乎总是会说，之所以喜欢哈希，部分原因是知道它是很纯的东西。然而事实上，黑帮们为了扩大利润，当哈希抵达西方的许多用户手里的时候，它常常已经被"弱化"了一半。它的里面掺杂了各种杂质，诸如少量的塑料或树皮等。

大多数哈希农民都自视勤劳，为作物的质量而感到骄傲。当听说其他人利用他们的"产品"赚得了巨额利润时，他们只是漠然地耸耸肩膀而已。想到这一点，你会觉得颇具讽刺意味。

所以，或许不足为奇，大多数农民的背后都有一个中间商，他通常跟邻近城市中的犯罪分子密切勾结。他会跟农民议定价格，然后雇用走私集团，负责穿越大洋和国界的毒品运输。

农民们种植大麻的土地，通常也为这些中间商所拥有，这更有利于他们对产品的控制。这些中间商往往又由当地的毒枭提供资助。在世界上许多主要的哈希生产国里，当哈希从农村进入城市和通过港口时，甚至有地方政要（时常是政府官员）卷入，为走私大开方便之门。

走私集团和当地黑帮之间的关系经常十分紧张。走私集团的头目往往是外国人，他们来自哈希货运最终要交付的国家。

我遇到过一个名叫杰夫的苏格兰人，有五年的时间，他在摩洛哥的臭名远扬的里夫山区——世界上最大的哈希产地，从事走私活动。他说当走私犯是"世界上最操蛋的职业"。"一边是摩洛哥人千方百计地算计我；另一边是伦敦的偏执狂、瘾君子黑帮老大，责难我讹诈他。我恨死了这个行当。"杰夫这么解释说。

在变态扭曲的哈希黑社会里，最好是不要轻易相信任何人和事。这个圈子里的大多数人靠耍诡计生存，深知下一批货运或许就是自己的末日。我碰到的很多罪犯都有参与暴力和抢劫，以及卷入更烈性的毒品如可卡因和海洛因的犯罪记录。

在犯罪集团的最高层里，有少数主脑人物，每年从哈希生意中获利数千万美元。这些幕后的毒枭大多通过恐吓和威胁手段来进行掌控，特别是对他们的手下。毒枭们还常常自诩从不沾染毒品，这使他们在黑社会中显得"聪明过人"。

而在黑社会底层的犯罪分子当中，吸食哈希的人数比例相当惊人。许多人都染上了严重的毒瘾，这无疑会妨碍他们在犯罪环境中的运作能力。你也会发现，有不少毒枭住在城市贫民区的简陋出租房里，他们并没有将通过哈希赚来的值得吹嘘的财富积攒起来。

我本人历来就不是特别喜爱大麻，但不接受他人以"做研究"为名的品尝邀请，有时会显得十分难堪。我对此妥协过，因为如果拒绝体验对方的"产品"，会被认为是一种不恭。

以爱尔兰人肖恩为例。他是爱尔兰最富有的罪犯之一的儿子,当我谢绝了他递给我的大麻烟时,他十分不快。我解释说,待会儿我还要赶30公里的路,不想有什么东西影响我开车的能力。他最终消了气;不过我意识到,若是遇上性情暴躁的恶棍,我必须也要吸上一点,因为他们似乎需要确认自己的产品是可以被社会所接受的。

在哈希的秘密世界里,我遇到了许多不同阶层和档次的人物,他们的收入全部来源于这种毒品。此外也很清楚,在打击哈希犯罪活动中,多数执法机构估计的"巨额利润"往往是夸大其词的。"街头价值"是警方最喜欢的一个用语,每当他们缉获一大批毒品时,就造出一个货币数字来自我表功。这一说法也许很苛刻,但我相信这种情况确实存在。

最后,是关于哈希本身的药物效力问题。一位富有的哈希大亨总结了这一毒品给他个人带来的危害。他亲口对我说:

> 我希望我这辈子从未见过大麻,更别提卷入这门"生意"了。我们很多人从事这一行,是因为觉得它比做可卡因和海洛因的风险低,然而,单单由于哈希交易的数量之大,就意味着它是一条永不停顿的传送带,一旦你站上去了,就很难下得来。我自己的儿子抽哈希上了瘾,几乎完全丧失了行为能力。最后,我不得不把他送到一家诊所里去戒毒。其实从很多方面来说,哈希比A类毒品更邪恶。它一点点地勾引着你,渐渐地将你变成冷漠麻木、丧失自主意识的行尸走肉。我为我的孩子感到十分悲哀,尤其是因为由于我介入这一行,使他最初沾染上了哈希。人们需要了解哈希的真实故事,明白它是怎么到达

他们家里的。他们应当懂得，哈希的害处绝对不比任何其他毒品要小。

******

本书中的大部分内容是基于过去两年里我对数十人的系列采访，包括谈话和回忆——其中有些是人们在无意之中提供的。书中记载的某些对话也取自于公开文献或法庭证词，另外还有一些是根据事件参与者的回忆重新整理的。

很显然，要想找到完整的有关哈希犯罪活动的文字记录是十分困难的，因此，我往往只能依据被采访者的判断和回忆，其中许多人不愿意让自己的真实姓名在书中出现。这些回忆也许存在着误差，自相矛盾，或是出于自负而夸大了事实，亦可能有严重的遗漏。但是我相信他们，因为在这些故事中没有刻意的隐瞒；而且我要特此声明，我不对书中出现的粗话表示歉意。

为了确保这些故事和奇闻轶事的准确可靠性，我试图通过其他的信息来源加以验证，可是黑社会里的人普遍患有严重的妄想症，有好几次，我被犯罪分子们指控为当局派来的"间谍"。因此，要想取得旁证是很难的，我常常只能采信大多数被访者的自述。

我参照了报纸和电视新闻里关于同样的或类似犯罪案件的许多报道，它们帮助我填补了不少漏洞，同时增添了细节和趣味性。我也利用了谷歌和报社图书馆的资料，重述在过去十年当中一些最重要的涉及哈希的事件。对于一位作家来说，这些资料相当宝贵，它们使我能够在一定程度上扩展故事情节，展开生动具体的描述。没有这些额外的重要信息，这也许是不可能做得到的。

作为一名调查黑社会的作家，在我的整个职业生涯中，一旦我亲自跟犯罪分子会面，同他们建立起工作联系，很少有人不愿意跟我交谈。当我进入哈希的秘密世界后，人们介绍我认识了许多黑帮成员；随着越来越多的犯罪分子同我联系，讲述他们参与毒品行当的故事，我仿佛打开了一扇大门，走进了一个神秘莫测的领地。

在挖掘有关哈希的完整故事的过程之中，我旅行去了一些边远偏僻的地带，例如摩洛哥的里夫山区，我从来没有空手而归。有时候，我会花好几天的时间单独跟犯罪分子做伴，了解他们在犯罪活动之外的生活情形。我发现，他们当中有很多人把自己看作是辛勤的劳动者，只不过是偶然地以这种赚大钱的方式来谋生而已。

我避开了那些为人熟知的名人罪犯，因为他们早已被公开曝光，而本书的宗旨是要揭示一个从未被报道过的地下世界。在这一探求过程之中，我赢得了一些前科罪犯和当今黑帮的协助。至今我仍然深信，从整体上来说，这些人是极为可靠的。对他们给予我的充分信任，让我分享他们自己的最严格保守的秘密，我深怀感激之情。

有时候，我跟一些犯罪分子搭上关系的方式实在是很奇特的。例如，我在伦敦遇见了一个朋友的朋友，他碰巧在摩洛哥的丹吉尔（Tangier）市附近有处房产，他转而把我介绍给在摩洛哥给他当车夫的一个人。这个摩洛哥人随后又联络上了他的一个远房表亲，其人在里夫山区投资了一个哈希农场。就这样，我得以实现了一种突破，这在我自己的这种"生意"中是必不可少的。

在英国、西班牙和其他国家，我也碰到了类似的情况，黑社会的各色人等通过他们的渠道，帮助我接触到了一些货真价实的哈希黑帮。

有一次，我不得不到一个西班牙黑帮的家里去见他，那是在他的家乡阿尔赫西拉斯，一间昏暗的破旧船屋里。我无法知道是否被设局了，但我相信自己的直觉，谢天谢地，事实证明我的直觉没有错。

在荷兰阿姆斯特丹的一个主要的旅游景点，我会见了欧洲的一个最臭名昭著的哈希大亨，在他拥有的一艘豪华的运河驳船上。

回到西班牙，一个流亡的英国黑帮分子坚持要带我乘坐他的摩托艇到海上去，因为他臆想有关当局在暗中监视他。当时的天气十分恶劣，他一边当着我的面用鼻子吸可卡因，一边十分艰难地掌控着在暴风雨中颠簸打转的船。好不容易他才同意回到港口。后来他承认，他是在"测试"我是用什么材料制成的。当我丝毫没有抱怨时，他才认定可以信任我。

所以，对在我的研究过程之中，所有我会见过的和给我提供了帮助的人们，我要说声"谢谢"。没有他们的参与，本书是不可能完成的。

写作本书的动机，是要揭露这一阴暗地狱的真相，让人们了解，哈希是怎样成了一种最具暴利的生意。是的，市场上肯定有不少关于吸毒者的书，谈及哈希的奇妙之处，以及它如何成为无数人青睐的毒品。但是我的这本书，第一次揭示了在充满危险甚至死亡的哈希生意圈中的普通人的生活内幕。

最后要说的是，我挖掘的故事情节曲折，跌宕起伏，从摩洛哥北部山区的农庄，到俯瞰地中海及更远之处的阴暗储藏库，哈希为那些地区急需的经济提振立下了汗马之功，同时也填满了地下毒枭的钱囊。这是一段引人入胜的旅程，我希望读者会同我一样，发现它富于启示。

温斯利·克拉克森

第一部分

摩洛哥：罪恶的发源地

大麻烟叶与哈希制品

摩洛哥的哈希产量比地球上任何其他国家都要多。西方的影响刺激了摩洛哥的大麻种植业，最初是通过殖民主义扩张；自1960年代以来，西方的嬉皮士文化也稳步推动了该国的哈希生产。

据欧盟估计，哈希生产是摩洛哥的主要外汇来源，在其国民生产总值中占相当大的比例。

全球约42%的哈希产于摩洛哥。其余的哈希是由世界上其他近九十个国家生产的，包括巴基斯坦（18%）、阿富汗（17%）、黎巴嫩（9%）和印度（9%）。它们主要被运往西欧和中欧市场销售，如英国、西班牙、法国、意大利、葡萄牙、瑞典、比利时和捷克共和国。毫不奇怪，摩洛哥哈希在这些市场中占主要份额。

大麻植物最初在北非的马格里布（Maghreb）地区①扎根，是在公元7世纪时阿拉伯人入侵之后。不过，历史学家今天坚称，哈希的生产制作自15世纪才开始出现。更晚一些，在19世纪，穆

---

① 北非突尼斯、阿尔及利亚和摩洛哥所在地区的总称。（编者按：本书中所有的注释均为译者所加，以下恕不逐一注明。）

莱·哈桑（Moulay Hassan）苏丹正式授权于五个村庄（douar），专门种植供当地人消费的大麻。这五个村庄坐落在里夫地区的萨恩哈杰尔（Senhaja）地区，属于凯塔马（Ketama）和贝尼哈立德（Beni Khaled）部落。

1912年，摩洛哥王国被西班牙和法国拆分成两个保护国，这一次是由西班牙统治者将种植大麻的权力授予了几个部落。1920年，当地军阀阿卜杜克里姆（Abdelkrim el-Khattabi）联合里夫地区的柏柏尔人部落，奋起反抗西班牙的统治，建立了独立的里夫共和国（1921—1926），直到后来被法国—西班牙联军打败。

在里夫共和国存在的几年中，阿卜杜克里姆成功地提倡反对"不符合伊斯兰教"的大麻种植及消费。但1926年之后——据《联合国麻醉品公报》（United Nation Bulletin of Narocotis）记载——重新恢复的西班牙殖民地在非斯（Fez）北部，凯塔马镇的周围"设立了一个大麻种植许可区"。该许可区后来逐步缩小，到1929年被正式废除。不过，那里的大麻生产继续保持着高水平。

摩洛哥的法国统治者试图通过皇家法令禁止哈希生产，但是直到1954年，法国的保护国部分才得以完全禁止大麻种植。1956年摩洛哥从法国独立之后，禁止种植大麻的地区扩大到前属法国和西班牙殖民地的范围。

1958年，柏柏尔人举行反政府起义，被由三分之二摩洛哥人组成的军队扑灭。当时担任指挥的王储哈桑，甚至下令向柏柏尔人的部落投掷凝固汽油弹。内乱的部分起因是由于柏柏尔人受到经济剥削，他们大多处于摩洛哥最贫困的阶层。柏柏尔地区没有得到与阿拉伯化的沿海地区和城市同等的发展援助。最终，政府决定再次允许凯塔马和贝尼哈立德的那五个历史上的村庄恢复种植大麻，试图通过这一手段来结束里夫地区的冲突。

凯塔马镇——地处塔扎—胡塞马—陶纳特大区的胡塞马省的心脏地带的一个乡村社区——最终成为摩洛哥的非官方的"哈希之都"。今天，它大约有两万居民，平均每个家庭有十口人。不过，在它的贫困现象背后，隐藏着世界上最富有的一些毒枭。

里夫的大麻种植在1980年代初期大为扩展。欧洲市场不断增加的需求，促使摩洛哥的大麻经济从生产"基弗"（kif）——切碎的大麻叶和烟草的混合物，转换为生产纯正的哈希。由于阿富汗、黎巴嫩和叙利亚的战争，加之全球范围内不断加大的禁毒努力，哈希市场出现了巨大的短缺，这使摩洛哥获得了机遇，成为世界上头号哈希生产国。

随着这一产业的蓬勃发展，丹吉尔及周边沿海地区成为世界哈希贸易的重要枢纽。今天，大规模的哈希贸易给当地经济注入了巨额资金。同时，邻国阿尔及利亚最近的内战，导致出现了一个穿越摩洛哥的轻型武器黑市。致命武器和金钱的组合加剧了摩洛哥北部的毒品走私者之间的紧张状态和暴力争端。

大量的摩洛哥哈希也被运送到非洲西部，在那里通过所谓的"后门渠道"出口到欧洲。最近，有关当局在西非缉获了来自摩洛哥和西班牙的哈希—可卡因混合货运，它们以同样的方式被包装在一起。哥伦比亚的可卡因贩子跟摩洛哥的哈希同行已经结成了联盟，他们或是将可卡因直接运到摩洛哥，或是将其暂存在西非。摩洛哥的一些哈希也通过乌季达—马格里耶路（Oujda-Maghnia road）——一条臭名远扬的走私禁运品和贩卖人口的通道，出口到阿尔及利亚。

近年来有许多案例表明，摩洛哥哈希大亨的权力和影响非同小可。这些毒枭们运用日益复杂的洗钱诡计，往往涉及多个国家。许多人相信，毒品贸易在摩洛哥已经"形成一种产业"，并且渗入了从事农业、捕捞、运输和进出口业务的大公司。这些公司成为哈希走私的完美掩护。

1990年代中期，在对一个臭名昭著的哈希大亨的审判中揭露，他拥有的大规模的复杂组织有多个国际连接。他的帮派将哈希运出里夫中部，储存在里夫的"边界镇"德土安（Tetouan），然后海运到西班牙，从那里再交付给阿姆斯特丹的批发商。这个哈希大亨不仅在摩洛哥、西班牙、直布罗陀和加拿大等国拥有银行账户以及十五辆汽车和一艘游艇等资产，他还自诩同古巴卡斯特罗政权之间有个人、商业和政治的关系。他也同哥伦比亚的可卡因卡特尔保持定期联系，该卡特尔渴望利用摩洛哥易于穿越的边界作为进入欧洲的最佳经销批发点。

今天，据估计，摩洛哥每年哈希贸易的净收入达120亿美元，为近一百万人提供生计。哈希的产量不断增加，在里夫地区的心脏——谢利菲亚（Cherifian）王国里，柏柏尔人有一句口头禅："只有'基弗'能在凯塔马的土地上茁壮生长。"

据荷兰和欧洲联盟的官方估计，在1980年代中期，全世界种植大麻的土地面积约为2.5万公顷，1993年达到6万公顷，1995年增加到7.5万公顷。完全可以预计，这个数字将以同样的速度继续增长。西班牙南部的花粉计数报告最近显示，有大量的大麻花粉从北面的里夫山区被风吹到西班牙，其间飞越了长达42公里的直布罗陀海峡和160公里的内陆地带。

在1990年代中期，创纪录的降雨量和紧随而来的干旱气候，促使里夫地区的大麻产量又增长了10%。平均每公顷的大麻可收获2—8吨的原料植物。这意味着，对于那些未能找到任何其他工作的人，毒品交易行业提供了更多的就业机会。随着哈希贸易的持续增长，大麻种植范围从里夫中部的传统地区向外扩展，延伸到了西部和南部省份，包括舍夫沙万、拉腊什和陶纳特，以及东部的阿尔·胡塞马省。

摩洛哥的这一贫瘠地区的居民被称为里夫菲亚斯（Riffians），他们是柏柏尔人，使用自己的里夫菲亚斯语，其中很多人也以摩洛哥阿拉伯语、西班牙语或法语作为第二或第三语言。里夫菲亚斯的柏柏尔人被归类为地中海人，其种族更接近于欧洲人而不是非洲人（这即可解释为什么我在这一地区遇到的很多人有蓝眼睛等欧洲人的容貌特征）。

柏柏尔人往往被描述成骑着骆驼穿越沙漠的游牧民族，但他们其实也在这一地区的山间和谷地定居，从事农业生产。柏柏尔人在历史上有从事贸易的传统，这对非洲和欧洲大陆的历史产生过巨大影响。正是他们，创先开辟了贸易之路，从遥远的非洲西部一直延伸到地中海，帮助建立了撒哈拉沙漠以南的非洲大部与南欧各国人民之间的联系，迄今已有一千多年。难怪今天的许多柏柏尔人是欧洲及其他地区所需的哈希生产的支柱。

数百年来，这一地区的柏柏尔人冬季在平原低地种植，夏季在高山草甸放牧。其他人则是常年的游牧民族。柏柏尔人早期种植的农作物主要包括小麦、大麦、水果、蔬菜、坚果和橄榄。他们也畜牧奶牛、绵羊和山羊，以及饲养牛、骡、骆驼和马作为拖拉和运输工具。但是如今，哈希的价值已经取代了一切，成为大多数柏柏尔农民首选的经济作物。

里夫地区的山地陡峭，土壤贫瘠，加上气候变化多端，常降暴雨，亦缺乏灌溉的基础设施，致使付出繁重的劳动来种植其他谷物在经济上很不划算，而暴雨浇灌的大麻却能在那里繁茂生长，可以比种植大麦带来多七八倍的收入。

今天，像数百年来一样，那些柏柏尔农民定居在单层的石头房子里，季节性的游牧群体则住在羊毛织成的帐篷里，并用夯土建造防卫和存储的据点。柏柏尔妇女——她们比传统的阿拉伯女性有更大程度上的个人自由——担任陶器制作和编织工作。几乎所有的柏柏尔人都是穆斯林，不过他们也保留了前伊斯兰的一些宗教元素，主要是对地方圣徒及其墓地的崇拜。

柏柏尔地方政府更倾向于社会自治，与阿拉伯人的管理制度相比不那么专制。然而，柏柏尔人的社会可以分割成由少数几个家族组成的部族。几个部族形成一个社区，诸多社区再形成某个种族群体。最简单的一种柏柏尔政治结构，是在里夫山区村庄被发现的，称为"贾玛赫"（jama'ah），即召集所有信誉良好的成年男子在村庄广场上开会议事和做出各种决定。长年的游牧群体选举出理事会和一位永久首领，季节性的游牧群体则每年选出一位夏季首领来指挥迁徙。

摩洛哥政府会间或地缉获一批哈希货运，试图以此向欧美国家显示，他们正在进行严厉打击毒品的战争。2008年，摩洛哥海军在地中海的纳多尔（Nador）港缉获了运往欧洲的3吨哈希。当地政界人士猜测这一"突袭"是通过当地的哈希大亨策划的，他们想要帮助政府，使之看起来在赢得反毒品"战争"。

摩洛哥的毒枭也怀疑当地的恐怖主义组织试图控制哈希生产。他们的怀疑是合理的。据法国和西班牙联合组织的秘密调查后来证实，那3吨哈希以及西班牙当局在伊维萨岛扣押的另一批货，均属于同一个复杂的融资网络。该网络为阿尔及利亚的萨拉菲斯特（Salafist）集团的传教和作战行动提供财政支持。自2005年以来，这一集团与基地组织（Al-Qaeda）一直有关系。它承认对阿尔及尔的两起爆炸事件负责，共炸死30人、炸伤200余人。

上述调查行动，是在2004年3月马德里的致命炸弹袭击事件之后启动的，由西班牙国家中央情报局（Centro Nacional de Inteligencia）和法国情报局（Renseignements Généraux）联合实施。

那次事件夺去了191条人命。西班牙警方发现，袭击的幕后策划者是伊斯兰恐怖主义分子，他们用哈希从西班牙北部的矿工那里换得了炸药。

与此同时，摩洛哥政府官员对针对其哈希"政策"的公开批评继续表示愤慨。

摩洛哥的一位政治人物，查克伯·赫亚林（Chakib el-Khayari），因公开批评该国的反毒品政策过于宽松，被关进监狱三年。摩洛哥官员声称，赫亚林对政府的猛烈抨击是受西班牙特勤局的指使。作为回应，摩洛哥政府关闭了由欧洲人建立的两个观察哨所，它们是所谓反恐战争的部分军事设施。许多人相信，摩洛哥当局通过这一做法，向批评者传达了一个明确的信息：别碰我们的哈希，否则我们会在反恐战争中跟你们不大合作。

摩洛哥的哈希走私似乎也跟人口贩运的犯罪活动紧密相关。偷渡人口有多种不同的渠道，有些是通过货船或渔船。在拉腊什省，乘"帕特拉斯"（pateras）——5—7米长的小渔船——是跨越直布罗陀海峡最便宜和最常采用的方式。这些偷渡到欧洲的非法移民往往被迫交纳哈希作为买路钱。在摩洛哥，客运船船员和海关官员的关系网也帮助有些人偷渡，他们私下允许无记录的乘客登上客运船。

在摩洛哥，里夫的大麻种植农很少拥有足够的资源和关系将哈希运到丹吉尔和其他地中海沿岸的主要港口，更不要说跨海到西班牙了。将大麻运出里夫地区要依靠"买下的"道路和贩运集团，农民们是不具备这种财力和社会政治能力的。

众所周知，"买路"是摩洛哥走私和偷渡活动的重要组成部分。哈希大亨经常出资修建国内的铁路和公路，以及跨国的路障和检查站。他们把这个看作是花钱购买货车的运输线，无论货车里装载的是什么。合法和非法物品可以经由同一条路线,甚至作为同一批货进行交易。

由此可见,里夫山区享有的"国中之国"的声誉是名副其实的。那是一个危险的地界,暴力主宰一切。然而,如果想要揭露哈希世界的真相,显然必须从那里入手。

第一章
"基弗"王国的秘密

我去摩洛哥里夫山区的险恶之地考察哈希的旅程，始于在伦敦碰到的一个前大麻走私犯，人们叫他"思"（Si），他在摩洛哥拥有资产。他许诺能让我进入里夫山区一个主要的哈希农场，它地处隐秘、偏僻的山岭之中。

我和思在英皇路的一家时髦的酒吧里会面。他首先警告我说："这事儿不会很容易。当地人会认为你打算做一笔哈希生意。他们是柏柏尔人，他们不信任陌生人，他们不喜欢外国人打听他们的事。"思说："那里是一个封闭的社会，伙计。这就是为什么它能够在千百年中幸存下来。"

终于，思从他的口袋里掏出了手机，在键盘上敲了一串数字。他用快速热烈的法语告诉接听人我的名字，介绍我是一位作家。然后他把电话递给了我："喏，他的名字叫莱夫（Leff），他的英语说得很好。"

莱夫是从丹吉尔跟我通话，他说他的表兄"知道"里夫山中的一个哈希农场。所谓的"哈希之都"凯塔马镇坐落在那座大山的脚下，毒品生意主导着当地生活的各个层面。一些外国犯罪分子，甚至有些游客也冒险前往那里,但他们往往不会活着回来。

莱夫听上去相当友好并且十分酷,他轻松地说他可以帮我安排全程参观,条件是收取一定的报酬。我向他解释说我根本没有这笔预算。出乎意料的是,莱夫二话不说就同意了我的条件,我本以为会有长时间的讨价还价呢。之后便作出了安排,下个星期在丹吉尔跟他会面。我把电话挂断之后问思,莱夫为什么要帮我这个忙呢?

"因为他欠我一个人情。"

思从来没有对我说过他们之间发生过什么事,但听他说话的口气,我决定最好不要多问。第二天,思打电话给我,说他下个星期在摩洛哥有一个"商务会议",所以他会陪我一起前往里夫山区。啊,有他陪同,令我松了一口气。

******

五天后,我和思从西班牙大陆乘坐渡轮,抵达了繁华的港口城市丹吉尔。我们在一家咖啡馆里见到了莱夫和他"表兄"法拉(Fara),一起讨论行程安排。他们许诺四十八小时后在凯塔马再跟我们碰头,旋即消失了。思让我放心,说他们届时会露面的。走到了这一步,一切似乎都太容易。不过,这显然是因为有思跟我在一起,他是我进入摩洛哥的哈希秘密世界的通行证。

第二天早上,我们开着租来的四轮驱动汽车,从丹吉尔出发,先是沿着地中海海岸往东,然后转弯向南,开往里夫山区。沿途渐渐地可以看到哈希对当地生活的明显影响:带有奇怪形状塔屋的别墅戒备森严,车道上停着昂贵的德国汽车;主要街道上,青壮年男子络绎不绝。其时,我们尚未进入里夫的地界呢。

据说有很多人忧心忡忡,认为摩洛哥面临着伊斯兰势力的挑战，国家的稳定受到了威胁；而且，国际毒品走私正在无情地侵蚀着该国的权力和影响力。许多人甚至认为，毒品大亨和北部严凛的伊斯兰教徒之间结成了某种同盟，掌控着这些地区的大部分权力。他们合谋策划，瓜分资源，共同盘剥怨声载道的贫苦百姓。不过，据那天的实地观察，我发现毒品网络好像也有助于摩洛哥的金融稳定。哈希大亨财力雄厚，而且，在摩洛哥"有钱能使鬼推磨"。

柏柏尔的一个哈希大亨，人称哈米杜·迪伯（H'midou Dib），至今在里夫地区仍保留着民间英雄的声名。他早年是一介渔夫，后来在丹吉尔北部海岸的西迪坎库施（Sidi Kankouch）建造了一个私人港口，它成为向欧洲源源不断地高速贩运哈希的装货点。他也在丹吉尔参与了错综复杂的房地产交易、洗钱及其他有组织的犯罪活动。迪伯建立了一个由渴望保护他的忠诚士兵和村民组成的巨大网络，他创造就业机会，建造清真寺，提供社会服务，他有办法阻止执法当局上门骚扰。他是极少数的犯罪分子之一，凭借自身雄厚的财力和完善的组织，有资格当选里夫地区的准国家领导人。那里四面环山，山峰海拔近三千米，几个世纪以来一直是走私者的天堂。甚至连摩洛哥政府本身也承认，凯塔马和里夫周边地区跟该国的其他地区不同，享有"半独立性"。

当我们驱车在曲折坑洼、车辆稀少的柏油路上开往凯塔马时，我从后视镜里发现有一辆警车尾随。没过几分钟，我们便被叫停，接受查验。思建议我拿出20迪拉姆（dirham）来，递给了那两个友善的警官。他们收下了钞票，便祝我们一路顺风。"当心歹徒。"其中一个笑着说，用手指划过自己的脖颈。

从这里开始，乡野地势变得陡峭、崎岖。很显然，我们进入了无人地带，一个很少有陌生人胆敢涉足的地方。"我敢打赌，那两个警察会告诉他们所有的同僚，我们是往凯塔马去。"思对我说："警察设置的那个路障标志着摩洛哥政府管辖的终结。我的朋友，我们现在进入了强盗之邦。"

金色的朝阳冉冉升起，普照着凯塔马镇。土红色的屋顶在晨曦中闪闪发光。城市苏醒了，晨祷开始了。宣礼员通过扩音器念着催眠般的祷告词，给镇子笼罩上了一股阴森诡异的气氛。

凯塔马镇给人的第一印象是：既没有摩洛哥警察，也没有任何房屋或建筑物上悬挂着摩洛哥的国旗。一言以蔽之，这里的人自给自足，不喜欢外人打搅。不过，这并不那么令人惊讶，因为该地区的主要产品是哈希。

众所周知，作为通往哈希开拓区的要塞，这里的交通条件十分恶劣，山路曲折险阻，跟摩洛哥的其他城市中心之间的往来极不便利。许多人说，这种状况是人为造成的，因为作为非法生产和销售当地人称之为"基弗"的基地，环境闭塞有助于它的兴旺发达。"基弗"在阿拉伯语里的含义是"完美的极乐"。

刚一进入凯塔马，便立即可以感觉到当地人警惕地打量着所有的新面孔。人们都起得很早。咖啡馆里已有熙熙攘攘的男人们，其中大多数以种植大麻为生。

一些人在吸基弗。几乎所有的人都在观看半岛电视台（Al-Jazeera）的早间新闻。当时是2011年初的所谓"阿拉伯之春"事件发生期间，人人似乎都在谈论整个阿拉伯世界爆发起义的话题。

摩洛哥当局有一种恐惧心理，担忧邻近国家的无政府状态可能会蔓延到自己的国土上来。有些人可能会认为，摩洛哥应当投入几个世纪以来阿拉伯世界最大的一次革命浪潮。因此，有两辆军用坦克停驻在凯塔马的中心广场的外围，作为对那类人发出的警告。然而，凯塔马的柏柏尔人对坦克都视而不见，因为他们知道，军队不会阻碍他们日常的哈希生意。

那天早上在咖啡馆里的男人们对其阿拉伯邻国的动荡,似乎没有表现出太多的热情,只不过是有点好奇而已。比起其他北非国家的人来说,摩洛哥人多具有一种知足常乐的心态。我们遇见的一个名叫奥马尔的当地人解释说:"在摩洛哥,我们喜欢感觉自己的日子过得不错,尽管我们大多数人都挺穷。国王尊重他的百姓。政客们既不极端也不残暴。我们信任政府。"

或许,摩洛哥政府很乐意让哈希来统辖这个崎岖不平的地区的经济?

"里夫山区的人知道,只要他们做到自给自足,摩洛哥是不会有人干涉他们的。"奥马尔补充道。

如果政府和警方试图在这一地区实施打击行动的话,他们将会遭遇一场小规模的革命。奥马尔解释说:"我们就是这个地区的当局。我们自主运行。基弗进出不受限制,它是这一地区的命脉,没有它就会出现贫困和饥饿。政府为什么要改变这一现状呢?"

奥马尔的话里包含了甚多明智的逻辑。以美国所期望的方式来连根铲除大麻作物,也许需要摩洛哥动用一小支军队并花费许多年的时间。"那有什么意义呢?"奥马尔说,"基弗为我们带来了金钱、幸福、家园和满足。国王和他的政府对这一点是再清楚不过了。我们像这样生活已经有数千年了,这永远也不会改变,只要西方想买我们的基弗。"

在凯塔马的泥泞、坑洼的主街上,当地农场的大拖拉机旁停着一些闪闪发光的平板卡车、奔驰和宝马轿车。这足以证明哈希为生活在这个地区的一些人带来了数不尽的财富。

咖啡馆里,电视上在高音播放关于阿拉伯起义的最新消息。我闻到了熟悉的基弗味儿,它来自坐在附近的悬挂电视机旁的一群中年男子。他们用威胁的目光瞟着我和思。我们小心地回避着,不跟他们对视过久,因为那可能会引起麻烦。思说:"只要别看他们,他们就会放过我们。"

酒吧区悬挂着两只屠宰了的肥羊,那天晚上它们将被肢解,在巨大的混凝土烧烤台上烹熟。咖啡的味道苦涩,而且浓厚得几乎像是糖浆。

坐在对面的两个老头儿仔细地将我们审视了一通,接着才继续聊天。我开始疑惑,为什么在进入法律鞭长莫及的那座大山之前,我们要在这个镇子上抛头露面,让自己显得那么可疑。可是,丹吉尔的莱夫和法拉坚持要在这个咖啡馆同我们会面,这几乎令人感觉是在被允许进入基弗的秘密王国之前对我们的一种测试。

思是必不可少的关键人物。他很熟悉这个地区。"一旦撇开宝马和奔驰来看问题,你就会发现这个地方是很恐怖的。"他指出,"许多当地人说,到这儿来的陌生人通常都不会待得太久。我曾亲眼见到过有人在主街上被开枪打死。这是一个人吃人的地方。"

我们刚刚喝完了苦里带甜的咖啡,思的手机响了,那是哈希农场的奸商莱夫打来的。思用法语飞快地跟他对话。"他和表兄法拉已经改变了主意,要我们去哈希农场跟他们会面。他们是担心在凯塔马镇里被人看见跟我们在一起。"思对我说,然后宣布我们该出发了。

我们出了咖啡馆,朝停在外面的、租来的红色丰田"陆地巡洋舰"走去。三个孩子正围着它。其中一个有点惴吓地向我们讨钱。思问我要了一张5迪拉姆的纸币,我给了他。他递给了那个男孩。

"假如你不给钱,等下一次我们来镇上的时候,他们就会叫来他们的大兄弟割破我们的轮胎。"思解释说。

然后由思开着车,我们穿过繁华的凯塔马镇。当我们被塞在主街拥挤缓慢的车流中时,思用流利的阿拉伯语和法语跟当地人随意搭话。接着,思第一次向我透露,他因走私哈希曾在摩洛哥的监狱里服刑四年,正是在那期间,他学会了阿拉伯语。

思出狱已经六年了,现在他每年中有半年住在西班牙的穆尔西亚(Murcia)附近,另外半年住在伦敦。他最初进入毒品走私行当是因为他哥哥是个著名的哈希大亨,在英国服五年监刑期间潜逃后也住在西班牙。鉴于有关法律的规定,英国无法引渡他哥哥,但是后来,他因故得罪了摩洛哥的一个毒枭,被枪手打死在阳光海岸(Costa del Sol)的一个仓库里,最终付出了生命的代价。他的尸体被丢弃在当地机场的停车场上,在自己的丰田"路虎"里。"这是对他人发出的警告——谁要是胆敢招惹这个摩洛哥毒枭,便是同样下场。哈希就是这么一种肮脏的老买卖。"思的语气平淡,甚至提到自己的哥哥被谋杀时也仿佛是就事论事。

思接管了他哥哥的哈希关系网,尽管他声称,这几年他差不多算是退休了,他已经挣了足够多的钱,可以安逸地度过余生了。

我们终于摆脱了堵塞的车流和高度警觉的当地人,开始沿着陡峭的山路向峰顶开去。思继续给我讲他往年生活的故事。"我从十二岁开始干偷车之类的事。以我的出身背景,那是唯一能够生存的方式。我那时很崇拜我的哥哥,他似乎拥有一切。他从可卡因和大麻交易中赚了大钱,二十一岁时就开着闪光耀眼的汽车。但是后来有一次他的货被人偷了,而曼彻斯特的最大公司之一认定他是负债人,他怒不可遏,于是就逃到了西班牙,在哈希游戏中重打鼓另开张。他有胆量直接跟摩洛哥人打交道。而且,鉴于有关法律的规定,他在曼彻斯特的时候得以获取保释;逃到西班牙之后,英国家乡的警方又无法将他引渡回去。"

当我们的车在山的一侧爬行时,思暂时中断了叙述,指着路旁的一片野地，几乎是不经意地说："就在那下面的什么地方，躺着我的一些伙伴。他们太深地卷入了当地哈希小子们的游戏，所以就进了荒冢野坟啦。"

我们继续沿着险要、多石的山路前行。这些地方根本没有什么柏油公路。思告诉我，大多数道路都是由毒枭们出资，沿着山崖挖出来的，他们想要有进出哈希农场的快速通道，从而可以将哈希安全地运出里夫山区。二十年前，这些路大多都不存在，走私者往往用毛驴驮着哈希，顺着羊肠小道，从某个偏僻的农场运到最近的沿海港口。

"假如你想在这儿有一条路，那么你就自己出钱修，而且确保只有你的朋友们使用它。"思解释说。

当我们的车减速，停在一个临时代用门（它不过是在一只生锈的油桶上放了一块厚木板，横在山道上）的前面时，我才真正理解了思刚才所说的话。他甚至还没来得及拉起"陆地巡洋舰"的手刹，两个瘦长结实的当地人就从一块巨石的后面露头了。

他们的肩膀上斜挎着乌兹冲锋枪，微笑着向我们的车走过来。

"妈的，"思说，"坐着别动。我会搞定。"

思跳下车，同他们打招呼。他们似乎深存疑心，眯起眼睛盯着思。其中一个人的左脸颊上有一道疤痕。

思推了一下带疤的男人的肩膀；刹那间那个人显得很恼怒。他们开始了一番令人屏息的对话。然后，带疤男子咧嘴大笑起来。我打开车窗，试图听他们在说什么。思转身对我大声道：

"我是在监狱里认识这个混蛋的。这个世界很小，是吧？"

随后，思跟那个人钻到了巨石的后面，他的同伴也去了。几分钟之后，思出现了，朝着我大喊：

"你有500迪拉姆吗？"

我毫不争辩，从车窗把钱递给他。

他将钞票拧起来，戏弄地朝带疤人甩过去，那个人接到钱后笑了。思和他热烈地拥抱之后，我们便继续前行了。

两三分钟后，在曲折的山道上，思将"陆地巡洋舰"换成了三挡，才又开口。

"猜猜他脸上的疤是怎么来的。"

"我哪儿知道。"

"他在监狱食堂里企图用刮胡刀划我，我反击过去划了他。"

"哦。"

"那就是你怎样在摩洛哥的监狱里结交狱友。"

"你估计还有多远？"我转换了话题。

"我想，从这条路一直往上就到了，"思说，"他们说不会错过的。"

二十分钟后，我们开到了海拔很高处，云朵飘过山腰，路况更为险要。透过薄雾，偶尔可以看见瘦骨伶仃的男人和妇女在远处的田野里劳作。

"刚才那两个家伙马上就会用手机打电话，通知农民们有陌生人来了，"思仍然口气很随便地说，"在这些地方，没有任何事能瞒得过去，而不让家喻户晓。"

此时，上午的阳光驱散了云雾，白雪覆盖的三座高峰完整地呈现在我们的眼前。在两块巨石之间的一个山口，我们向左来了个急转弯，随即看见左边一百多米高的地方有一座小小的混凝土简易房。我可以辨认出一个男人的轮廓，他正坐在房子的外面抽烟。

"就是这儿了。"思说。

"我们怎么上去呢？"我问。

"你得徒步，伙计。"思说，"这里什么都不容易。"

正在这时，远处的那个人朝我们的方向招了招手。啊，他竟然在期待着我们的到来，这不禁令我松了一口气。

我们沿着曲折和陡峭的岩石边缘攀爬，十分钟之后到达了那座小房子。知道在你抵达之前，人们已经在谈论着你——这是一种奇怪的感觉。

仿佛看出了我在想什么，思解释说："我们在这儿逗留的时间最长不应超过两个小时，否则所有的人都会知道我们来了。那可能就会有点麻烦。"

"为什么？"

"因为这方圆几十公里内的所有混蛋都想让我们给钱。这就是为什么。"

"如果我们不给呢？"

"他们就抢我们的手表、手机和钱包，假如我们幸运的话。"

我们朝房子走去时，那个人一直在抽烟。他看起来非常年轻，大约不超过二十或二十一岁。他似乎相当友好，不过在等候我们时，他刚刚抽完了一支很大的基弗烟卷。他的脖子上戴着一条红色圆点围巾，与破旧的牛仔裤、拖鞋和汗渍的T恤形成一种怪异的反差。

就在那时，我瞥见了一个容貌出众的摩洛哥女人，她跟那个男人的年龄相仿，还有一个小孩，大约不到两岁。他们坐在房子背后临时牵搭的晾衣绳旁边。该男子似乎因为母子俩在外人前露面而被激怒了，立即大声地呵斥。他们旋即消失到房子里去了。

"妈的，千万不要瞟他的妻子。他会把这当成一种侮辱。"思对我提出忠告。

那男子转过身，用他那狐疑、狭细的亮蓝色眼睛扫视了我们一通。他必定是柏柏尔人，因为他看上去更像欧洲人，而不是阿拉伯人。

思开始跟该男子有礼貌地交谈，我则后退回避，坐在房子前的一块石头上。

终于，思招呼我跟他和那个男子一同进到房子里。思解释说，我们现在可以观看他如何筛分大麻花作物。直到那一刻，我才被正式介绍给那个人，他的名字叫哈桑（Hassan）。

我后来发现，哈桑在与他妻子共寝的床底下藏着一支枪，以防备他的朋友转眼间变成敌人。

第二章
农夫哈桑

在哈桑的房子后面不起眼的灌木丛旁，竖立着一些木架子，上面挂着大量的大麻草，任烈日晒干。在当地的气候条件下，除了大麻，很少有其他庄稼能够茁壮生长，哈桑依赖这种作物来养活他的家人。在屋子里，哈桑向我介绍哈希的制作过程，恩做翻译。

首先，哈桑将大麻花蕾摊在一只巨大的筛子上，用篷布覆盖起来，然后用棍子击打篷布，仿佛是在敲鼓。花粉或称树脂水晶——它包含这种药物的主要活性成分：四氢大麻酚，便从植物上脱落下来，漏过筛子。击打完毕之后，他把花粉收集在一起，压缩成棕黄色的哈希砖块。

哈桑一边干活，一边谈到他的家人。他们家收获哈希已有三代人之久。他说，他的梦想是将来有一天离开这个山区，到欧洲去寻求财富。我们坐在海拔数千米的高山上，在世界上最偏僻的一个角落里，听着这位年轻人如此谈论他的未来，给人一种奇怪的感觉。

更让人困惑的是哈桑的外貌。他有一双动人的淡蓝色眼睛，一头浓密的棕色卷发，看起来简直就是个欧洲人。他那花岗岩般的脸庞和精壮的体魄，在伦敦时装秀上也不会显得不协调。在我们交谈的过程中,他的妻子和孩子就躲在不过几米之外的隔壁密室里,让人感觉有些诡异。

哈桑显得放松了一些,开始侃侃而谈,说起在山顶上的寂寞生活。"我在这里找不到其他工作。我的祖父和父亲都是靠收获基弗为生,它是这里的生存之道。我知道,有些人赚得比我多得多,但这就是这里的规矩。我们农民只是供应链的起点。我们没有能力迫使黑帮们付更多的钱,因为这里的基弗实在太多了,他们会扭头就走,到其他人那里去买。"

哈桑说话时多次耸肩,这给人一种印象,尽管他早先说想去欧洲寻求更好的生活,但他内心深处明白,他这辈子的命可能也就注定如此了。向我们演示完制作程序之后,哈桑坐了下来,与思分享一支硕大的大麻烟卷。此时,他才彻底打开了话匣子。

"我从十四岁起就在这里生活和工作。上学基本上是浪费时间,因为你知道的,这个地方唯一有希望找到的工作就是收获基弗,那不需要学历和考试。当然,在这里生活很孤寂,特别是冬天非常寒冷,不过,结婚之后孤独感减轻了一点。拥有一个妻子在很多方面是对我的一种拯救。这是我生存的关键。"

但是,我通过思问他,在世界的哈希之都生产基弗有什么危险吗?哈桑有些犹豫,悄声对思嘟囔了几句。思向我转达他的顾虑:"他担心激怒中间商。他认为你会给他带来麻烦。"

我试着通过思安抚哈桑,许诺在我的书中会使用化名,并保证不会泄露他的哈希农场的具体位置。他有点勉强地点了点头,然后放低了声调。

"你知道吧,从我这里买基弗、然后走私到欧洲的人,往往是一些歹徒,他们视我们农民如粪土。可是我们能有什么选择吗?我现在把枪藏在床底下,就是因为过去发生的很多事。"

哈桑告诉我,一个哈希黑帮分子诬陷他在基弗里掺杂了碎树皮和泥土。"那家伙和其他三个人半夜三更闯进我的家,把我从床上拖起来,用枪口对着我,威胁要强奸我的妻子。要是我那时有枪,我会把他们全都打死。接着,他们强迫我免费给他们另一批基弗来取代所谓掺了假的货。我不得不屈从,以阻止他们伤害我的妻子。"

哈桑没有明确地说,他是否仍然跟那些歹徒做生意。但是根据他叙述这个故事时轻声、诡异的口气,我得出了肯定的结论。

哈桑说,他每年卖基弗挣的钱大约是2000英镑。他知道,其他人通过他的这些基弗可以赚上百倍的钱。"有时候我也想违抗黑帮,将自己的基弗直接卖到凯塔马去。可是他们很快就会发现,会把我杀了。"在里夫地区生产哈希有严格的界限分工。无视当地毒枭,越界和尝试设立自己的"生意"的人一般都不会善始善终。

哈桑解释说:"我有个叔叔,他在自己拥有的一块土地上收获基弗。他厌倦了被迫以低价出售,便决定甩掉中间商,试着到凯塔马去找一个直接买家。据我父亲说,我叔叔去了凯塔马后,两天都没有回来。结果,人们发现了他的尸体,它被扔在镇上最嘈杂的一家咖啡馆后面的小巷里。那,就是对其他企图无视基弗黑帮的人们发出的警告。"

哈桑说他很害怕,等有一天他的女儿大了,便要到凯塔马去上学。学校以前发生过多起孩子被绑架的事件,当他们的父亲与当地毒枭发生纠纷时。"从很多方面来说",哈桑说,"完全不让我女儿上学是比较安全的。矛盾的是,这是一种恶性循环,如果她没有受过教育,她将永远不会有机会离开这个地方,我想让她体验外面的世界,让她快乐和成功。"

说到这里,哈桑转移了注意力。远处,在我们来的同一条山道上扬起了一团尘土,可以判断出是一辆平板卡车高速驶来。我们都往下面望去，另一辆大得多的货车从相反的方向出现在拐角。两辆车相距不到一百米，但似乎谁都没有减速让道的意思。

哈桑什么都没说，继续目不转睛地盯着下面的情景。那辆大货车被迫让到道路的边沿，旁边即是至少一百多米深的悬崖。较小的那辆车飞快地冲了过去，喇叭轰鸣，但毫不减速，完全无视大货车的存在。

哈桑说："好啦，从现在开始，说话一定得要小心了。丹吉尔的人来了。"

在山坡下面，两个人跳出了闪闪发光的尼桑平板卡车，它大约值3.5万美元。他们就是莱夫和法拉，两天前我在丹吉尔通过思认识的摩洛哥人。一阵大风从东面猛然吹来，刹那间，天空中出现了一层阴云。

第三章
奸商莱夫和法拉

很快就搞清楚了，莱夫和他的同伙法拉在哈桑的哈希农场中占有份额。谁是老大也不言自明，因为他们两个正在验收小屋前面麻袋里的"产品"。法拉的身世和经历是冷酷无情、令人不安的。最初将他招募到这个"生意"中来的，是丹吉尔的一个老男人，当时法拉是个十三岁的街头小骗子。后来，那个老男人对他实施性侵犯，他便杀了那个家伙，并接管了他的哈希关系户。据莱夫说，没有人对法拉的做法表示异议，因为那个老混蛋有性猎者的恶名，所以人们很高兴看到他有如此下场。

莱夫是法拉的表弟，这就是他为什么也参与了哈希交易。他解释说："这里就像是拓荒者的野蛮西部。可是由于在丹吉尔和欧洲对哈希的需求如此之大，把一些资金投进哈桑的农场，并开始建立一定的生产线，是一个明智的举措。"

我开始猜测，莱夫和法拉会毫不迟疑地恐吓哈桑，特别是我发现自从这两个丹吉尔的家伙来了之后，哈桑便畏缩得像快没有了。

法拉似乎比在丹吉尔跟我们初次见面时显得更加暴躁。他竟然向思和莱夫抱怨我出现在这里，尽管两天前他是同意所有这些安排的。莱夫说:"法拉有些担忧,因为我们有个规矩,永远不允许其他人到这儿来,以防万一他们向犯罪分子泄露我们这里的业务。"思和我试图再次向他保证说,我们并不打算这样做。

于是莱夫耸了耸肩膀:"我对法拉说了,你写这本书是很不错的,让那些抽烟的人了解他们的哈希是如何来之不易。这不是件轻松的买卖。在到达像伦敦那样的地方之前,基弗经过很多人的手。有时候我觉得,抽哈希的人们以为它就是从山边采摘下来,然后直接用汽车运到皮卡迪利马戏团的。但愿……"

莱夫讲话既雄辩又自信,他透露说自己是受过大学教育的。他甚至还在伦敦西部的富勒姆语言学校学过一年英语。"我喜欢伦敦,我要是现在还住在那里就好了。我盼着有一天能有足够的钱去给自己买一张工作许可证,在那边定居,娶一个漂亮的英国女孩儿。"他说得很轻快,我想他说的必定是真话。

不过,我问莱夫,一个受过良好教育的丹吉尔的中产阶级子弟,为何落得当了一个地下的哈希经销商呢?"道理很简单,我的朋友,就是这笔钱太他妈的好赚了。"他说,"我跟法拉上的是同一所学校,那时我们才十岁。他十四岁的时候离开了学校,遇到了一些麻烦,但现在他的生活彻底翻身了。我二十一岁时再次见到法拉,他有一辆宝马车,过着富裕的生活,而我却一无所有。我大学刚毕业,虽有学位,在丹吉尔却找不到工作。当他问我是否愿意和他一起干,我便抓住了这个机会。"

法拉出现在哈桑的小屋门口,用阿拉伯语厉声对莱夫发号施令。莱夫说:"他对你还是存有戒心。他一直说你在为警方工作。"然后,他拍了拍我的大腿,戏谑地说:"只不过是开个玩笑啦!"

了解了法拉令人不安的背景之后,我发现他是两个人当中更嗜战的一个。他总是显得很暴躁;莱夫似乎得花不少时间让他的搭档平静一点。"法拉说我把他带回到现实。他需要我跟着他，否则他会因为滥发脾气而死掉。"莱夫又笑了起来，但我怀疑他说的是真话。

接着，我询问他们的家庭情况。在丹吉尔的家人对他们的"职业"怎么看呢？莱夫微笑着说："他们知道我在做什么，他们对此态度很冷静，因为基弗是摩洛哥经济的重要产业。不管怎么说，在丹吉尔，很多人都抽哈希烟，这没有什么大不了的。"

接着，法拉在小屋外的一块大石头上坐下来，点燃了一支大烟卷，狠狠地吸了三口，又把它递给莱夫，用阿拉伯语说着什么。

莱夫和法拉显然都有一个明显的弱点：他们崇尚抽哈希。这无疑是违反任何职业毒品罪犯的金科玉律的，不是吗？

莱夫耸了耸肩说："这不算什么问题。我们俩都爱抽，可我们确保它不会影响我们赚钱。"

哈希的效力似乎令法拉和莱夫心平气和，转眼间，轻而易举地就把两个精明狡诈的罪犯变成了略显脆弱的年轻摩哥男子。不消说，他们发现抽哈希是忘却自身烦恼的最好办法。

此时，农夫哈桑已经回到了房子里，忙着完成最后几道工序，把哈希倒进10公斤容量的麻袋里，为这两个中间商备好更多的货。他将一只麻袋运到了屋外，神情茫然的法拉将麻袋打开，使劲地嗅闻，像是汉尼拔·莱克特（Hannibal Lector）在品尝炖蚕豆。随后，他抬起头，露出了满面笑容，将麻袋转递给莱夫。莱夫也同样地闻了闻，接着将麻袋系起来，随便地搿在场地上。

直到这会儿，我才向他们打听这一麻袋哈希的价值。莱夫用英语说："在欧洲，这大约值10万美元。"他不怀好意地笑了，"但我们确保不让哈桑知道这个！"

在后来的半个小时中，法拉和莱夫将麻袋陆续装载到卡车的后厢。然后宣布，当我们返回巨大山谷底部的凯塔马镇后，他们会再同我碰面。众人一致同意这样安排，因为如果让人看见他们和我们在一起会是"不谨慎的"。

思在半个小时之内已经抽了两支哈希烟，此刻像个快活的中介。他竟然附和着："他们说得没错。一个全是陌生人的车队肯定会让当地人提心吊胆的。"

即将离开时，哈桑再次从房子里出来，通过思向我打听："你知道这些基弗在英国能卖多少钱吗？"一阵尴尬的沉默，因为我很清楚，法拉和莱夫正在旁听我们的谈话。果然，法拉插了进来，用阿拉伯语对着哈桑尖叫。思翻译说："他呵斥哈桑：'你他妈的管好自己的事就行了！'"

哈桑又像他习惯的那样耸了耸肩膀，并试图一笑置之。但是，法拉更加咄咄逼人地对着哈桑大吼。哈桑便也咆哮着反击，一时间两名男子怒目圆睁，相互对峙。最后，莱夫笑嘻嘻地从中调解，竭力让他们两个平静下来。

当法拉提着最后一麻袋基弗朝卡车走去时，他抬起头来盯了哈桑一眼——他仍然站在房子的外面，交叉着双臂，脸色发青，怒视着法拉。

几分钟之后，我们开车提前一步出发。我回过头，远远地望见法拉还在狠狠地瞪着哈桑。

此刻我得出了结论：法拉一定就是威胁要强奸哈桑妻子的那个家伙。

******

已是下午三点左右，在凯塔马镇边的尘土飞扬的停车场上，我们计划要跟法拉和莱夫碰面，却不见他们的踪影。等了半个多小时后，思便带我去逛附近的露天综合市场，里面充斥着几十个商贩，都在竭力兜售自己的商品，从食品到丝绸，种类繁多。思迅速地将我领进了一家僻静的店铺，在里面可以买到一种"糖果"（caramelo），或叫做"蛋"，实际上是裹在保鲜膜里的小包装哈希。业余走私者可以把它们吞进胃里，用自己的身体来运输，穿过边界进入欧洲。人们往往一次会买五到五十粒这样的"糖果"。思在监狱里认识了一些这类的西方业余走私者，他向我提供了令人不寒而栗的第一手资料。

"这些人他妈的很不明智。因为保鲜膜是像纸一样薄的，在体内有爆裂的危险，如果真的爆裂，就有大麻烦了。我知道一个家伙，他从纽卡斯尔（Newcastle）来这里两次。第一次他买了四打，就着一瓶蓖麻油吞了下去——蓖麻油可以使吞咽容易一些，他不怎么费劲就都吞下去了。但第二次来的时候，他变得十分贪婪，吞下了更多的'哈希蛋'。于是意想不到啊，他刚一下飞机，其中两只就在他的肛门处爆裂了。他很幸运，当时机场里有一位医生，但他最终为此服刑三年。愚蠢的杂种，是吧？"

就在这时，莱夫终于用他的手机给我打来了电话。从他说话的状况判断，我敢说他吸了毒，因为他止不住地笑。背景中还有法拉的声音，他也是同样，头脑显然不大清醒。我从莱夫的话里可以猜到，他们是在半山腰的一家咖啡馆里。我很恼火，因为我必须要尽快赶回丹吉尔，从那里搭乘渡轮到西班牙的阿尔赫西拉斯（Algeciras）去，就在同一天晚上，我跟阳光海岸的一个哈希大亨有个约会。

我知道，莱夫想要从我这里获取一些"报酬"，尽管我已经告诉他，对他们给予的帮助我付不起钱。转眼间，飘飘欲仙的友好声音变了调。

莱夫说："你必须等着我们，要不然，你可能就得吃不了兜着走。我们需要讨论报酬的问题。"

我不喜欢他声音里的冷淡意味，因而我不接他的话茬儿。我说我会等着他，但他必须快一点来。让莱夫保持冷静似乎是明智的做法。

当我对思转述莱夫的话时，他一点儿也不惊讶："听起来他们像是要成心找碴儿呢。伙计。"

此时，我不由想起几个小时之前在山上莱夫告诉我的一件事，他和法拉曾经不得不开枪打伤了一个敌对黑帮成员的腿，作为不能侵入他们哈希农场的一个警告。

"是啊，可在这里等着他们有什么必要呢？"我问思。

"这由你定，老兄。我告诉过他们别找我们的麻烦，可现在这两个白痴都抽昏了头。"

"可莱夫是你的关系，"我说，"我不想因为这个把他惹火。"

"别胡扯了，"思说，"我好多年都没跟这两个守财奴打交道了。咱们他妈的开路，甭理他们。"

于是，我们开着"陆地巡洋舰"，高速驶向通往直布罗陀海峡的丹吉尔港，它在凯塔马镇的西面，有三个小时车程。出发一小时后，我的手机屏幕显示莱夫来电。我决定不接，任凭它响。

我们开了近一百公里之后，第一次上了双车道，加快了车速。思在我旁边笑道："典型的贪婪鬼。他们活该。你知道人们怎么说的吗？'别让你自个儿的货把自个儿搞晕。'"

我听见莱夫在我手机上的留言：

"去你妈的英国混蛋。我们想要钱，如果你不给，我们就会把你的那玩意儿射掉。你明白吗？如果你不给钱，我就到伦敦去找到你，干你老婆、绑架你的孩子。十分钟之后我会再打过来。你要是不接,你就死定了!"

十分钟后手机准时响了。这一次我拿起来,立即关闭。我十分清楚,这两个嗑药昏了头的倒霉鬼离我们大概有两个小时的车程。

思指出:"他们知道我们要搭乘渡轮。"

"说得没错。"

"但愿渡轮能准时起航。"

渡轮离开了丹吉尔港新建的客运出口,向阿尔赫西拉斯驶去,我透过舷窗往外看,注意到那辆熟悉的平板卡车飞速驶来,穿过渡口登岸点的废弃停车场,尖叫着停了下来。我依稀辨出莱夫和法拉的身影,他们跳出了车,冲到岸边,眼睁睁地看着渡轮缓慢地与海底墙拉开距离,朝直布罗陀海峡驶去。

此时我才再次打开手机,莱夫给我留了二十三条信息。其中大部分是威胁要杀死我的妻子、孩子、母亲和父亲,发誓要在伦敦找到我,并把我的尸首扔进泰晤士河。坐在船上的餐厅里,思听着莱夫的留言,咧嘴笑着:"他们他妈的犯浑,不是我们。我过几天去跟莱夫谈。他会冷静下来的。"

"这些愚蠢的小混账,"思不动声色地说,"关于摩洛哥人,我在监狱里学到了一点,就是他们不爱记仇。末了,他们会佩服我们跑得比他们快。他们只能怨自己,对吧?"

我也很想问一下思,他是否认为,莱夫他们威胁说要到伦敦来伤害我的家人是当真吗?然而,我决定不去干涉命运。

渡轮在缓慢地穿越世界上最繁忙的航道之一。我翻开了笔记本,开始研究接下来要采访的人。他是一个扑朔迷离的人物,名叫扎伊德。

第二部分

西班牙：哈希的新拓疆土

欧洲市场对哈希的需求持续增长，估计有五分之一的成年人抽过大麻或哈希。欧盟毒品局（The European Union's Drug Agency）做出了关于使用和滥用大麻的一份长达七百页的报告，确证在欧洲，每个月有超过一千三百万哈希吸食者滥用这种药物。

大麻的植物形态

仅需跨越7.7海里的水路便可从摩洛哥抵达西班牙，那里流行着一种哈希消费传染病。西班牙对该毒品的缉获量比欧洲所有其他国家的缉获量加在一起还要多，然而，似乎没有任何手段可以有效地遏制哈希从摩洛哥穿越直布罗陀海峡，涌入欧洲。

几乎每一天都有大量货物来自北非，贩运者总能发明各种新奇的走私方式。最新的一种技巧是，黑帮们将带有无线电发射浮标的哈希货袋扔进大西洋，之后再驾船来收集它们。

2012年，西班牙警方在阳光海岸发起了一次叫做"萨尔科"的行动，拘捕了一个贩毒团伙的五名成员，从一幢房子里搜出了1600公斤的大麻。该案的调查始于上一年年底，警察获得了有关这个帮派的情报，便开始锁定其成员。后来警方宣称，这个帮派的成员来自多个国家，他们从西班牙转运哈希到荷兰、英国和爱尔兰。

2011年在马贝拉（Marbella）港，警方从一艘来自摩洛哥的游艇上缉获了840公斤的大麻。大麻被装在二十七个小包裹里，分别藏在这艘休闲艇的舱室和其他部位。这一突击搜查是对一伙西班牙哈希走私犯的活动进行六个月跟踪调查的结果，最初是在阳光海岸被侦破的。该黑帮在公海上转移毒品，从马拉加（Málaga）海岸线上的不同地点登陆。2011年初，该黑帮从直布罗陀对面的西班牙小镇拉林尼亚（La Linea）购买了一艘大马力的高速船，试图用于海上走私，可是两天之后即因无照驾驶而被警方抓获，致使他们的这一计划流产了。

同一年也是在马贝拉，两名法国公民，一对父子组成的哈希贩卖团伙被拘捕，搜查出了52公斤哈希、58340欧元现金及一些伪造文件。哈希被藏在他们租用的房子的楼梯下面的一只手提箱里。

2011年在西班牙与摩洛哥交界的休达市（Ceuta），一位前市议员被逮捕，他驾驶的一辆面包车正待登上去阿尔赫西拉斯的渡轮，车中藏有690公斤哈希。肯定是有人事先向当局通风报信，警察立即搜查了他的车，发现哈希砖块被藏在面包车的不同部位。

由于采用了远程航行及速度更快的船只，摩洛哥的哈希进入西班牙的路线不断变更。毒品走私犯罪现在已经蔓延到了西班牙的韦尔瓦、阿尔赫西拉斯、穆尔西亚和瓦伦西亚等省，近年来，在那些地区的缉获量成倍增长。甚至在北部的埃布罗河（Ebro）三角洲也缉获了大量毒品。

据法国气象台的药物监测站（Observatoire Français des Drogues et des Toxicomanies）的观察，摩洛哥的哈希也会通过卡车南下，运至大西洋的港口阿加迪尔、卡萨布兰卡和索维拉，从那里大部分再穿越西班牙北部，出口到欧洲。但是，最受青睐的哈希走私渠道仍然是用卡车和汽车搭乘渡轮。搭乘起点通常是摩洛哥的西班牙飞地休达和梅利利亚（Melilla），或是丹吉尔港。

******

在当前的严重经济衰退出现之前，西班牙享有十年的房地产建设热潮，主要是由哈希大亨们提供的"黑钱"推波助澜。犯罪集团充分利用了1990年代和21世纪初风靡西班牙的淘金心态。房价在1997年至2007年的十年间翻了一番。腐败的地方当局对黑帮们设立的"幌子"公司甚至睁只眼、闭只眼，通过滥发建筑执照来大吃回扣。

黑帮们从事哈希和其他毒品走私，以及敲诈勒索、卖淫和贩卖人口等犯罪活动，他们迫切地要将从中获得的暴利隐藏起来，因而大力投资购买物业。与此同时，警察和司法当局面对犯罪活动的规模及其复杂性无力招架，不堪重负。据信在繁荣时期，阳光海岸的地产代理商们竟然拥有印刷钞票的执照——反腐部门查出了多起这类案件。

在所谓的景气年间，很难说得清到底有多少"黑钱"流入了西班牙，但据称500欧元面值的纸币中有40%在西班牙流通。地产交易信封里塞满了大票子。这种大面值的钞票有个绰号叫"本·拉登"（Bin Laden），因为，正如这个全世界最想要缉拿的恐怖分子，每个人都知道他长什么模样，但直到他死，绝少有人目睹过他本人，那种大面值的"黑钱"也不是一般人能够轻易见得到的。

事实很清楚，西班牙南部的哈希犯罪活动十分猖獗，本书下一章里的主人公——扎伊德，即是这个行当中赫赫有名的一个。

第四章
哈希大亨扎伊德

莱夫和法拉已经被远远地甩在了后面,仍在丹吉尔抽着大麻烟呢,接下来我要去见的是一个完全不同的人物。哈希大亨扎伊德出生于西班牙,在阿尔赫西拉斯长大。这个港口城市同摩洛哥只隔着一道直布罗陀海峡,扎伊德在该市的工业区拥有并运营着好几座仓库。

从摩洛哥的渡轮下来,上岸之后,思赶着回他在穆尔西亚的家去了,我则跟扎伊德的一个手下帕高见了面。他当天晚上开车,带我到阿尔赫西拉斯的郊外去见扎伊德本人。帕高不会说英语,但我的西班牙语足以跟他进行简单的交流,不过大多时候是难堪的沉默。接近工业区时,帕高开着车在仓库附近的同一条街上至少转了五圈。他主动解释说,这样做是为了确保没有警察尾随,他不想把他们引到扎伊德的总部去。

终于,帕高停下了车。作为第二道安全措施,我们又步行了将近一英里路。街上灯光昏暗,每有一辆车经过我们的身边,帕高都要斜着眼睛仔细窥视。

好不容易到了一个大车库的门前,大门的上面开着一扇小门。

帕高敲了两下。我们走进了一个仓库，它约有普通的上锁车库的四倍那么大，附加一间办公室。五名男子正围在一辆白色的小型雪铁龙旁，其尾门敞开着。他们全都神情险恶地盯着我们，直到认出了帕高。其中一个人转过身，自我介绍是扎伊德。他身材短粗剽悍，走起路来像是一个注射了类固醇的举重运动员。他讲西班牙语如同发射连珠炮，我很难听得懂。

扎伊德之所以同意见我，只因为他是我在马拉加认识的一名律师的妹夫。他告诉我，如果没有这一层关系，他是不会接近我的。他认为记者——西班牙语叫"periodistas"——是"敌人"。他告诉我说，报纸极力渲染有关毒品的事件，然后反过来对西班牙国家警察局（Policia Nacional）和国民警卫队（Guardia Civil）进一步施加压力，来抓捕像他这类的哈希大亨。扎伊德显然对媒体的这种"行径"感到十分愤慨。他说——跟很多哈希黑帮的观点一样，他的毒品没有伤害任何人。我猜，这大概是他的一种思维方式，可以令他对做这种"生意"感到心安理得吧。

说话的同时，高速钻头的刺耳噪音提醒我们，帮派里的其他人在忙碌着，他们先是拧下雪铁龙尾门里面的盖板，然后将保鲜膜包装的小砖型哈希塞进汽车的所有可用缝隙之中。

扎伊德解释说，这批哈希货要通过陆路被运到马德里。马德里最忙碌的毒贩之一正等着接收最新的一批高质"产品"，他的手里有一大批瘾君子客户。

扎伊德把我招呼到雪铁龙的后面，他手下的人继续小心翼翼地将毒品装进车里。扎伊德拿起一块保鲜膜包着的哈希砖，轻轻地捏了一下，然后让我也试试。我第一次捏的时候感觉它像是石块，但捏第二下时，它便有一定的松动了。"看到了吗？只需几秒钟，你的体温就能将它变得柔软一些了。"扎伊德解释说。

他告诉我，这样一块哈希砖在马德里价值4万欧元。他拒绝透露他到底卖多少钱，但我猜，很可能是这个价钱的一半左右。而他付给摩洛哥供货人的则可能是他的卖价的一半。

我数了数被藏进那辆小雪铁龙的哈希砖，至少有50块。这意味着，这辆车将为扎伊德运送超过100万欧元的毒品……这似乎令人难以置信，这么小的一辆汽车竟能用来运载如此昂贵的货物。但话又说回来，哈希显然可以为那些资助货运的人赚上相当可观的一大笔钱。而从某种意义上来说，那些真正承担风险——坐在那辆雪铁龙车里的人，比当"骡子"①强不了多少。扎伊德告诉我，驾驶雪铁龙到马德里的两名男子每人将获得3000英镑。正如任何大生意一样，往往是出资人坐收最大的利润。他们承担的风险不是他们自己，而是他们的金钱。在秘密的哈希黑社会里，金钱似乎比人的生命更有价值。

接着，扎伊德向我讲解从西班牙南部的海岸线上接收哈希，然后运到欧洲城市的有关费用及其各种复杂因素。他谨慎地说明，他与摩洛哥那一端的操作无关，但是关于从北非获得哈希需要向哪些人实施贿赂，他并不隐讳。

从丹吉尔和里夫山区及更远的地区将哈希运到欧洲，有各种不同的渠道，其中一条主要的路线即是穿越那片人所共知的水域——直布罗陀海峡。真正的高手在这个游戏中掌控着交易量巨大、运行复杂的走私网络。扎伊德给我讲了一个令人不寒而栗的故事，一个荷兰犯罪团伙试图在凯塔马设置他们自己的走私"中转站"，结果以被割喉而告终。

"那些家伙们就是不开窍，"扎伊德解释说，"他们以为切断摩

---

① mule，指通过吞咽方式来用身体走私毒品的人。本书第十二章对此将有详细介绍。

第四章　哈希大亨扎伊德

洛哥的贩运团伙，就可以砍下成本，赚更多的钱，结果他们自己先被砍了。想在摩洛哥做买卖实在是太冒险。依我说，还是把它留给当地人干吧。"

扎伊德公开承认，他本人也来自于一个摩洛哥人的家庭，三代之前移民到西班牙的。"听着，即使我自己也算是部分的摩洛哥人，但我明白'踩他们的尾巴'是很危险的。当然，我利用自己的家庭关系建立了供货渠道。可我一直非常小心谨慎，避免抢走任何摩洛哥人的生意。"

扎伊德深晓哈希行当中所有的陷阱。他说他跟形形色色的歹徒打过交道，英国黑帮的特点是"公平和强硬"，巴尔干的黑社会是"邪恶和冷酷"。他自称，几年前，他觉得跟自己做生意的一帮摩洛哥人很可疑，结果发现他们是基地组织的恐怖分子，试图筹集资金来购买武器。

扎伊德解释说："那是在'9·11'①之前不久，当时基地组织的活动比后来要公开一些，来自丹吉尔的一帮摩洛哥人为他们工作。其做法是由基地组织出资一半，那个摩洛哥黑帮出另外一半，然后利润分成。可是我的那些摩洛哥朋友说，跟基地组织打交道是一场噩梦。他们不理解哈希走私的复杂性，以为几乎在第一批货抵达西班牙之前就可兑现。后来有一回，基地组织中的一个人指责摩洛哥黑帮将他们涮了，结果双方发生了冲突，一个人被打死，两个受重伤。从那天起，在摩洛哥就再也没人愿意跟基地组织做生意了。最终，基地组织设立了自己的供货路线，从里夫山区另一边的一个'友好的'农场搞到哈希，由陆路运入突尼斯，再从那里穿过地中海，运到意大利。"

---

① 指2001年9月11日基地组织在美国实施的恐怖行动。

但是，扎伊德说，"9·11"之后，基地组织的哈希农场遭到了该地区最强大的一个毒枭的袭击。经过两天的激烈枪战，基地组织败退，穿过边界撤到阿尔及利亚去了，据说他们在那里建立了另外一个哈希农场。本地黑帮将基地组织赶出里夫山区的战绩，已经成为凯塔马的一个民间传奇。扎伊德说："摆脱了恐怖分子，摩洛哥人为此感到非常自豪，他们觉得自己表现出了对国家的极大忠诚，虽然他们实际上真正做的是消除对自身活动的压力，因为美国人始终向摩洛哥政府施压，要求将里夫山区的哈希种植园彻底关闭。"

在仓库里，扎伊德的手下正用电动工具拧上小雪铁龙掀背车的门衬板。汽车将马上开往马德里。操作完毕之后，扎伊德检视了一番，然后拍了拍那两个伙计的后背，祝贺他们的活儿干得漂亮。此时，扎伊德显得有些放松了，语调轻缓地谈起自己作为哈希大亨的职业生涯。

甚至我还没问，他就径自说："我不做可卡因或任何像海洛因或'快克'（crack，强效纯可卡因）之类的买卖，因为我知道如果被抓，刑期要长得多。"然而，扎伊德声称，即使是哈希贸易，也受到了全球范围内经济衰退的影响，尤其是在西班牙遭到了重创。"这是一个奇怪的局面，尤其是在西班牙，哈希需求量依然很大，虽然人们的钱比较少了，所以需求最终大概也会降下来。的确，直到大约五年前，每一批哈希货的利润要大很多。今天，从摩洛哥走私的费用逐月增加，我们必须打进去各种各样的开支，这些开支在几年前根本不存在。"

谈到他的犯罪企业的几乎所有方面，扎伊德都十分坦率，只是不大愿意提及他的家人和他的"事业"给他们带来的影响。"我有一个妻子和两个孩子。我在很多方面只是一个普通人。我有时去学校接孩子。我带他们去海滩，我们一起去度假。我妻子知道我参与的是一种高风险的买卖，不过这也就是她所需要知道的全部了。重要的是要记住，假如我跟她分享我所知道的事，那就将危及她的生命，因为在这个游戏中有很多歹徒，为了更多地打探我的生意秘密，他们什么事都干得出来。"

那两名男子出发之前，扎伊德跟他们拥抱了一下。他们带着那批价值100万欧元的哈希开到马德里，路上要花六个小时。汽车离开仓库之前，扎伊德和另外两名男子先去街上查看了一番，确认没有警察监视。然后，扎伊德挥了挥手，雪铁龙就消失在夜幕之中了。那一趟行程将使扎伊德获得巨额回报。

当扎伊德关上仓库的两扇大门时，他注意到有辆汽车停在约100米开外的街上。他冲两个同伙点了一下头，他们便锁上了门。我从仓库附属的小办公室里向外观望。

扎伊德步伐闲散地朝停在远处的那辆车走去。直到那时，我才注意到有两个男人坐在车里。

自从那天晚上见到扎伊德以来，我第一次嗅到了空气中的危险气味。关门的两名男子沉默不语，并把食指放到嘴边——督促我保持安静。我别无选择，只能无言地盯着扎伊德继续朝那辆汽车走去。

坐在乘客座位的男人摇下了车窗，扎伊德朝他斜过身子。他们说了些什么。我飞快地瞥见扎伊德从他的夹克口袋里抽出一个信封，将它递给了车里的人。然后，他又随便地朝着我们的方向走回来。

两三分钟之后，他回到了仓库。

"没事儿，"扎伊德说，"两个服帖的警察，来要钱的。他们每个星期都上这儿来，等在那里，直到我送给他们一些票子。我们照应他们，他们也关照我们。"

那天晚上，扎伊德和他的手下锁上了仓库之后，坚持要我陪他们到当地的一家热闹的酒吧去。餐桌上摆满了丰盛的海鲜和啤酒，扎伊德带着一丝苦笑向我敬酒："祝你和你的书一切顺利！"他说，"不过，你可要保证在书里讲实话啊！"

有那么一瞬间，我感觉他的声音里好像带有威胁的意味，但那可能是我自己过分的想象吧。

晚饭结束时，我提出为众人付账，可扎伊德坚持要由他来买单。于是我注意到，酒保拒绝从扎伊德手里收取任何现金……像扎伊德这样的人似乎不必为任何东西付钱，全仗着自己在社区中的声誉。

几个月后，我接到马拉加的那个律师朋友的电话。他告诉我说，扎伊德被一名职业杀手打死了，就在他自己的仓库外面。

一切自有报，该来的躲不掉。

第五章
阳光海岸的哈希王

自从1978年英国和西班牙之间的引渡条约解体之后，英国的犯罪分子常常潜逃到西班牙去。1983年伦敦臭名昭著的600万英镑抢劫案的大盗们逃到西班牙后，出没于阳光海岸，过着纸醉金迷的生活。阳光海岸由此获得了一个别名——"犯罪海岸"（Costa del Crime）。直到七年后西班牙加入欧盟，这两个国家才同意签订了新的引渡条约。

2000年，当时英国的内政大臣大卫·布伦基特（David Blunkett）与西班牙当局签订了新的快速跟踪引渡条约。但是，这一条约对英国的犯罪分子几乎没有产生什么制约作用，他们仍然不断潜入西班牙。

2011年，西班牙国民警卫队逮捕了一名75岁的英国人，他驾驶着一艘游艇穿越直布罗陀海峡，被发现携有1038公斤的哈希，在毒品市场上的价值为160万欧元。

我之所以对牟取暴利的哈希黑社会产生兴趣，部分是由于2000至2007年间我碰巧住在西班牙南部。当时我正在写几本书，内容是关于光天化日之下的英国罪犯的真实生活。我发现，这些罪犯在20

世纪七八十年代建立的所有"辉煌业绩"中，包括抢劫银行和运钞车等，最成功的且牟利最多的几乎都跟毒品贸易有关。

有些人甚至为此付出了最终的代价，为了追求那难以捉摸的毒品"彩票"，命赴黄泉。他们本以为有一天能够彻底退出犯罪舞台，享受长久幸福的退休生活呢。

以火车大盗（Great Train Robber）查理·威尔逊（Charlie Wilson）为例，他的黑道恶名直接来自1963年的那个所谓的"世纪犯罪"。可是，每个强盗从那次突袭抢劫中分得的4万英镑，远不足以令这些家伙彻底放弃犯罪活动。南伦敦人威尔逊被认定是该次火车大劫案的主谋之一，由于在该案中扮演的角色，他被判刑三十年，在服刑中期，他竟然有一次成功越狱，在逃两年多。

然而，当查理终于在1980年代中期出狱后，他发现地下犯罪世界是沧海桑田，无法辨认了。毒品交易已经取代了诈骗和抢劫，成为伦敦的高层恶棍们的主要收入来源。查理·威尔逊从来就是一名实用主义者，他很快就悟出，他得要从毒品行当分一杯羹，宜早不宜迟。

于是他迁到了西班牙南部的所谓"犯罪海岸"，并且开始融资，跻身这个时代最有利可图的一些毒品贸易。起初，他严格地坚持只做哈希，因为像其他许多人一样，他知道对哈希罪犯的刑罚要比对可卡因罪犯轻许多。可是，那白色东西的诱惑力太大，他最终抵御不过，便在马贝拉附近的家里设立了第二项"进口业务"，专门做可卡因。他同时也继续经营哈希，但规模要小得多了。

威尔逊本人对哈希十分厌恶，其理由是它作为一种娱乐药物，似乎令人的感官变得迟钝。而可卡因可以增强一个人的反应能力，并保持一种处于世界巅峰的感觉。他甚至曾经对一名犯罪同伙说："可卡因是唯一可以让你干活更出色的药物。我爱它！"

最终，威尔逊将他的哈希生意"转交"给了伦敦东南部的一个年轻恶棍，所有认识他的人都管他叫"RP"。RP是个经典的百搭牌，在黑社会中享有敢于铤而走险的声誉，他的犯罪家族历史悠久。

不久之后，1990年，因为一批可卡因货运，前火车大盗查理·威尔逊与另一个英国黑帮发生了冲突，被职业杀手打死在马贝拉附近他的豪宅的后花园里。当时伦敦的黑社会推测，RP将会继承查理的事业，接管他的可卡因业务。

令"犯罪海岸"和伦敦的黑帮同伙意想不到的是，RP回避了查理的可卡因生意，而是坚持他自己的选择——哈希。这是一项聪明的举措。

正如在阳光海岸的一个英国人所解释的："由于美国药物管理局（Drug Enforcement Agency）与英国和西班牙警方之间密切合作，全力打击可卡因黑社会，做可卡因的家伙们像苍蝇一样纷纷完蛋了。他们要么像可怜的老查理那样上了西天，要么就是被关进监狱了。"

然而，有人告诉我说，RP是个硕果仅存者。如果想了解"犯罪海岸"的哈希交易内幕，他就是我应当采访的那个人。

******

要想在西班牙南部找到RP，我得先联络上一个名叫托尔·汤米（Tall Tommy）的收债人，我在"犯罪海岸"认识他多年，他跟RP很熟。托尔说，黑社会里的许多人都十分敬佩这个人。对目前西班牙南部的许多黑帮专门从事的烈性毒品和人口走私活动，RP决不沾手。他通过坚持只做哈希，不仅设法生存下来了，而且兴旺发达。

通过托尔，我终于直接跟RP联系上了。在同我见面之前，RP不由分说地提出了一系列条件。首先是要我前往马贝拉西面的一个小港口去会他，以便可以——用他的话说——"看看你他妈的是何方神圣"。我同意了，但不清楚会让自己陷入什么样的险境。

就这样，几个小时之后，我发现自己已经乘坐在RP的大马力快艇上了。那艘摩托艇价值15万英镑，停泊在直布罗陀海峡附近的一个沉睡的小港里，远离马贝拉和巴努斯港（Puerto Banus）鲁莽的恶棍们。RP形容那艘船是"我的少数奢侈品之一"。RP为他拥有的财富而感到自豪，但坚称他不会在"犯罪海岸"招摇过市。他是那里残存的几个仍然"活跃"在犯罪圈子里的英国人之一。

RP告诉我，他同意见我，是因为我在伦敦黑社会的关系，其中有一名特殊的罪犯，在过去的二十五年里他对我的许多书和电视节目提供了不少帮助，RP"欠他一个人情"。

"这是我在童年时代一直梦想的生活，我是决不会像这个地方冒出来的大部分老黑帮们那样把它毁掉的。"RP对着我大喊，试图压过舷外双引擎的轰鸣声。快艇突突地叫着驶出了港口，冲过汹涌的波涛，朝着距马贝拉数英里的埃斯特波纳（Estepona）度假胜地开去。

"做哈希生意就像办大多数企业一样，"RP说，"得要花一段时间开创和启动，然而一旦破解了那个系统的奥秘，你就可以他妈的赚大钱。查理犯事儿之后，我花了相当一段时间才理顺了人事关系，而现在，一切运行得就像钟表发条。"

RP的财富来源主要是通过利润丰厚的走私路线，在西班牙南部和英国及欧洲其他地区之间运输大宗的摩洛哥哈希，途经所谓的"毒品枢纽"荷兰。

"荷兰是我经营的关键。对于来自南欧的所有毒品，它就好比是一个大筛子。而做哈希的最大好处就是警察和海关对它不大感兴趣。他们的优先事务是可卡因、海洛因和迷幻药（ecstasy）。"

这里再一次可以看出，由于西方执法部门更多地将注意力放在所谓更烈性的毒品上，似乎在无意中放任了作为娱乐药物的哈希，使之得以大行其道。

RP继续道："很多恶棍们认为，查理死了之后，我拒绝被拖进可卡因的游戏是错过了一个大好机会。是的，少量的可卡因即可获得暴利，但这也意味着要跟哥伦比亚的疯子们打交道，更不用提搞死查理的那些英国混蛋们了。我宁愿跟几个古怪的、鬼鬼祟祟的摩洛哥人打交道。哥伦比亚人认定可卡因是归他们的，谁他妈的想绕过他们，绝没好果子吃。我没参与整个可卡因游戏是相当明智的。这是我从未后悔过的一个决定。"

不过，RP承认，做哈希的风险也是同样致命的。"你想，这是一个简单的方程。赚钱最多的走私者往往是那些承担最大风险的人，尤其是当转移的数量很大时。我在这一带小有名气。麻烦的是，当你赚大钱的时候，其他人就开始琢磨是否也能从中捞到什么油水。"

RP说，那就是为什么他时刻准备着要"拿出重型武器"，假如任何竞争对手威胁到他的生意的话。

RP回忆起2010年发生的一件令人屏息的事。当时，一群"杀人不眨眼的保加利亚人"试图染指他的哈希贸易，通过强迫RP的摩洛哥供应商转而对他们效忠。"他们将枪抵在我的一个手下的喉咙上，他被吓得半死。我必须要显示强硬，便亲自去见保加利亚人，声色俱厉地警告他们滚蛋。幸运的是，他们退让了。那也可能会是一场血腥屠杀。"

这个事件令我想到了敏感的"损失"问题。比如我的一个关系人，他的载货游艇沉没在马略卡岛（Majorca）附近的海里，结果他的首级被悬赏，因为犯罪团伙的头目让他对那批货承担经济责任。我问RP，假如他的走私团伙之一丢失了一批货怎么办？

"嗯，"见面以来RP第一次显出犹豫的样子，"这是个棘手的问题。如果把货搞丢了，运货人必须照价赔偿，因为保管好货物是他的责任。这就是游戏的规则。"

"是的，"我问，"但如果那是一个意外事故，你仍然要追究那些丢了货的家伙吗？"

RP看似有点尴尬："恐怕是的。这是丛林法则。运货人要负责。我为那批货也许已经支付了数万英镑。他们的任务就是把它看管好。"

我踌躇了片刻，又提出了一个最困难的问题："如果一个人把你的货搞丢了，而且没有任何办法偿还，你会杀了他吗？"

RP深吸了一口气，非常缓慢地点了点头。

"我不想回答这个问题，如果你不介意的话。"

摩托艇轰鸣着冲过地中海的波浪。RP可能是想转移话题，就指着雄伟壮观的直布罗陀巨岩（Rock of Gibraltar）说："那里是个犯罪的温床，比别的地方聚集着更多的恶棍。"直布罗陀巨岩和西班牙之间的这条拥挤的水路，由英国皇家海军、直布罗陀警察和西班牙当局共同警戒。如果谁被发现在这一带水域走私，就会在直布罗陀巨岩的监狱，或是马拉加附近臭名远扬的阿尔豪林（Alhaurin）监狱的肮脏小监室里度过一些时光。

不过，RP本人对坐牢也毫不陌生。早在1981年，因在伦敦郊区抢劫一辆运钞车，他被关了整整五年。在监狱里，RP——当时被认为是一名年轻的后起之秀——跟一些老派职业黑帮分子交上了朋友，通过他们获得了宝贵的关系。当他被释放之后，正是通过那些关系，使他得以在1980年代后期接手了前火车大盗查理·威尔逊的哈希生意。

即使是现在,RP回想起那些日子,还流露出一种真诚的怀旧感。"我一踏上西班牙的土地,就仿佛呼吸到了新鲜空气。在伦敦南区,警察总是像臭虫一样缠着我们不放,而在这里,几个小钱,也许1克可卡因或一小块哈希就可以将他们搞定了。难怪那时候英国恶棍们在这里大发其财。"

在他抵达西班牙后不久的那段时间里,RP定期前往摩洛哥,跟查理·威尔逊在北非的哈希"伙伴"保持密切的联系。最终,威尔逊集中精力改做暴利的可卡因,将哈希生意转让给了RP。后来,在警方对丹吉尔郊外的哈希储藏库的一次突袭中,RP被逮捕,判了两年刑。至此,他的这份职业本应结束了,但是,他解释道:"我在监狱里一直设法保持我的哈希生意运转,所以等到我出去的时候,它照样还是我的。"

在摩洛哥首都拉巴特(Rabat)的一所监狱里服刑的那段时间里,RP还学到了一知半解的阿拉伯语,并且提升了自己对"哈希烟"的品鉴能力。

"我曾经自控得很好,从不抽哈希烟,直到我蹲进了监狱,在里面享用了迄今为止我尝过的最棒的哈希。"RP补充说。他还承认了大多数哈希大亨拒绝承认的一点:"哈希并不是像我们所有这些恶棍试图描述的那么无害。我在监狱里抽上了瘾,被释放之后,费了很大的劲才把它戒掉。它令人萎靡不振,感官麻木,在这个游戏中,你是不想有这种情况发生的。"

RP说着,将船急剧地右转,猛地撞向了两个白色的巨浪。"这是怎样的生活,哎,"他若无其事地说,"阳光、大海和无尽的财富。世界上没有什么别的地方比得上这里。"

几分钟后,我们的船接近了直布罗陀海峡东面的西班牙大陆。RP指着一片房地产附近的绵延海滩说,那里是哈希走私者最喜欢的登陆点，他们用充气橡皮艇在临近海域接收毒品货物，带回海滩，再装载到汽车上。不过，黑帮们的做法有所不同：有些人是将毒品带上岸，打包装进汽车，然后将车钥匙留在某个酒吧或餐馆里，走私链下一环节的人再接着转移；另外一些人则是在附近的房子里租一个大车库，将哈希储存几天，然后再转移给下一个买家。

"在荒凉偏僻的海滩上卸货不太好，因为警方对那些地方盯得特别紧，"RP解释说，"卸到住宅附近的海滩上更明智，要安全得多。"

RP将摩托艇掉了个头，沿着海岸线朝东驶向一个沉睡的小港湾。他总是把船停泊在那里。我们把缆绳系好，小港非常偏僻，四下空寂无人。

一小时后，RP和他手下的两个人将我带到了一个"登陆地带"，RP的很多货就是从那片海滩进入欧洲大陆的。我们走上海滩，漫步到一家幽静的海滨酒吧去喝啤酒。RP的党羽显然是挺有趣的一对，因为他们是父子俩，虽然看上去你会觉得他们更像是兄弟。下面我们会听到更多有关他们的故事。

我们在酒吧里畅饮，RP谈起他的一个荷兰"伙伴"最近惹上了杀身之祸，当他试图染指其他罪犯在斯堪的纳维亚的哈希地盘时。"我告诫他不要那么干。可他是个典型的荷兰人，觉得自己懂得最多。他们是些傲慢的混蛋。这家伙认为瑞典人和挪威人特别钟情哈希，深信那里是一个尚未开发的市场。那个蠢货。他没意识到血腥的塞尔维亚人已经在那里占先了。"

他接着说："在荷兰贩卖哈希的'地狱天使'（Hell's Angels）黑帮里的一个家伙告诉塞尔维亚人，有一个人打算在那边销售一大批从丹麦运来的哈希。塞尔维亚人立即毫不留情地决定将他除掉。一天晚上，我的那个伙伴从他在阿姆斯特丹的公寓里出来，一辆摩托车飞速驶过,枪手骑在后座上。砰!砰!他就见阎王爷去了。'坚持只做你最了解的事,坚持只跟你最了解的人打交道。'这就是我的老生常谈。"

说到这里,RP的手机响了,他走到酒吧外面去接,我听不见他说什么。他回来时神色严峻,说他不得不去"处理一个问题"。

进入崭新的丰田"路虎"之前,RP停下来和我握了握手,对我说了最后几句话:"这都是些废话了。将来有一天,我要么会带着大笔的财富退休,平静、安宁地度过余生;要么会最终落得像可怜的老查理的下场,一颗子弹打在我的脑门上。"

他随后踌躇了片刻,转向他的手下说:"你们两个可有不少故事啊。去,跟他一起喝杯啤酒,看看你们可以诌出些什么来。"

起初,那两个心腹看上去有点困惑。RP大声吼道:"去吧!他不会咬你们的。"接着对我说:"这两个家伙知道所有的尸骨埋在哪里。"然后又转身朝着他们说:"对吧,伙计?"后来的事实证明,RP说的绝对没错。

第六章

杰夫和帕特——父子店

刚开始，RP的两个手下不大热衷于跟我交谈。于是，我便先告诉他们所有关于我自己的事，最后，他们似乎满意了，同意给我讲一讲他们的故事。

杰夫（Jeff），五十八岁，监狱牢房对他来说并不陌生。1995年他在潜逃中被英国司法部门逮捕，并因为走私哈希在西班牙服刑三年。他一生中每天都抽哈希烟，而且一有机会就公开宣扬它的好处。

他的儿子帕特（Pat）总的来说是个神经比较紧张、性格内向的人。帕特说，他有时与父亲共享一支大麻烟，但一般来说他试图远离哈希，除非是出于"工作的需要"。

杰夫已经为RP工作了十年，他讲一口流利的西班牙语和法语，这在"犯罪海岸"的英国黑帮中是不大寻常的。这些年来，这对父子之间结了些宿怨，但当下他们很和谐地在一起工作，这显然令杰夫感到欣慰。他说："帕特让他的家人远离这些肮脏事儿，我为他的这种处理方式感到骄傲。我当初要是也能做到这样就好了。"

杰夫结过四次婚（第一任妻子是帕特的母亲），眼下他跟通过互联网认识的一个泰国女人住在一起。"帕特目睹了我干过的所有混账事,他下定决心不重蹈我的覆辙。我为此很佩服他。那些年我搞砸了美好的正常生活,现在我很庆幸跟着RP干还能赚一点钱。他一直对我很好,很忠诚,因为我曾经好几次替他抵挡过麻烦。"

"有一次,一帮愚蠢的西班牙变态狂威胁说要带着武器到RP的住处来,把他杀死。我得知后,立即将这个消息透露给了RP。最终,我们安抚了那帮家伙,每个人都完好无损地回到家里,但离见阎王爷真是只差毫厘啊。RP总是说,为那件事他欠我的情。"

杰夫的儿子帕特对哈希黑社会的看法跟他父亲不同。"我亲眼看到哈希是如何毁了我老爸。他实在是非常幸运,居然还能有现在这份工作。想起他过去干的所有混账事,我决定不走他的老路。我一直非常小心地把我的家庭跟所有这些事情截然分开。我想让我的孩子们成长为正常的、负责任的人,有正当的工作,在现实世界里组成家庭,而不是在这种疯狂的地方。"

帕特生就一副人们所说的那种钢筋铁骨般的体魄,可是他说话的声音却很温柔,近乎女性,他似乎总是试图对外向开朗的父亲隐藏自己敏感多疑的一面。"我只是想平安地做完我的工作,不要出什么意外,"他解释,"始终保持清醒的头脑很不容易。你必须白天黑夜、每时每刻察看自己的身后。你永远也无法预料谁会在跟踪你,可能是竞争对手,也可能是警察。最重要的是要始终睁大双眼,永远比你的敌人先走一步。"

杰夫毫不在乎谈及他们所历经的风险,几乎所有都是跟哈希有关的。"在毒品生意中,做哈希算是比较容易的了。我们遇到的国民警卫队军官往往对做哈希表示同情,倾向于睁只眼、闭只眼,只要我们往他们手里塞钞票就行。1990年代我做过可卡因生意,那可是个很残忍的活计。在这一带,每个星期都可能有卷入可卡因的人掉脑袋。赚的钱是巨多,但很多黑帮仅仅为了给其他人一点颜色看,就毫不迟疑地杀人。最终,他们中的很多人还是逃不过恢恢法网,这一点也不奇怪。西班牙的这块地方需要平静下来,这就意味着该轮到哈希生意兴旺发达了。"

杰夫和帕特负责为RP组织所有的海滩卸货。RP出钱供他们短期租用海滩附近的带车库的房子,以便可以将哈希储存两三天,将它们分解成小包装,然后批发出去。

帕特承认有好几次他们是侥幸脱险:"有一次我们组织了海滩接货,正等着船到岸,遇上了搜索海岸的两个国民警卫队队员,他们的车打着聚光灯,向我们开过来。我们想打电话通知船上的人不要登陆,可偏偏手机没有信号!我们明白,几分钟之内我们就将被发现,于是我下了一个大赌注,从海滩上径直走过去,主动上前跟国民警卫队队员打招呼。"

"他们完全摸不着头脑,根本没问我们为什么凌晨时分会待在海滩上。接着我下了一个更大的赌注,递给他们2000欧元,请他们离开,说是因为我在等着一批来自摩洛哥的哈希。他们互相对视了一下,笑了笑,便收下了钞票,把车开走了。直到今天我仍然深信,他们之所以能那么做,只因为我的货是哈希。如果是可卡因,他们就会当场将我们拘捕了。"

父亲杰夫住在一幢三居室别墅里,属于埃斯特波纳和圣佩德罗(San Pedro)的海滨度假胜地之间的一片现代房地产。那是一个被大多数居民遗弃了的地段。"这里有三十幢房子,仅三幢有人住。"杰夫解释,"其他的房子要么从来就没有卖掉过,要么是业主因为付不起按揭,还给了银行。西班牙的经济这回算是陷入泥潭了。"

阳光下,杰夫坐在自家的游泳池旁,回忆起当年的美好时光。那个时候,他定期通过走私路线往返于摩洛哥,运输大宗哈希到欧洲各地。他和同伙们驾驶着有巨大舷外引擎的超高速充气橡皮艇，在海上跟某一艘船碰面，将货物转移到橡皮艇上，然后把它们送到等候的游艇上，它再驶往英国，通常是经由荷兰。

杰夫解释说："那年头，我们的船很容易不间断地开到英国，而不被地方海关船截住。可是现在呢，在这些水域，每艘船在类似的一趟行程中，平均会被叫停五六次，因为当局对这些走私方式了解得多了，而且他们可以通过雷达监视船只的活动。"

帕特转动着眼珠，听他父亲如此深情地怀念旧日的"美好时光"。他说，对他来说，这不过就是一份工作，仅此而已。"我知道我爸爸喜欢回顾以往的那些日子，仿佛过去有更多的乐趣，但其实那个时候也更危险。现在，我们每走一步都预先周密策划，确保不会受人蒙骗。草率马虎是绝对不行的，否则你就等着坐牢或丧命吧。"

帕特谨慎地补充道："爸爸似乎从未接受过这样一个事实，即这个行当中的最大风险来自内部。我的意思是指那些向警方告密的两面派恶棍，他们是对我们的最大威胁。警察本身没什么能耐，除非他们运气好，偶然发现我们在海滩上接货，或是获得情报说有一个黑帮租了海滩附近的一幢别墅，要把卸下的货在车库里存放几天。"

父子两人都推举RP为"高手"，他们以身家性命来信赖他。杰夫解释说："他是个神奇的老板，从里到外吃透了这门生意。他绝对不会让我们去冒不必要的风险，他精心策划每项作业。我曾经也试着自己操作过，那简直是一场噩梦。让RP来操作我更有安全感。"

杰夫认为，相比其他娱乐性药物，哈希会比较长久地存在下去，因为它不像可卡因或其他A类毒品那样有害。他解释说："东欧和俄罗斯黑帮们热衷于在这里做可卡因贸易，那就让他们去做吧。他们强行挤进了我们的领土，可是他们没有意识到，当局正在不遗余力地捣毁可卡因的供应渠道，所以他们会是最先遭殃的。从某种程度上说，警察是在帮我们的忙，因为外国黑帮邪恶透顶，对于任何得罪他们的人，一律格杀勿论，目的就是要震慑西班牙南部的所有其他恶棍。"

就在不久之前，在马贝拉附近，塞尔维亚可卡因大亨的一个黑帮下令，将一个爱尔兰人的全家灭门了。"他们用两部自动机枪疯狂地扫射，"杰夫解释，"实在令人愤慨之极。他们不在乎谁死。他们只想要增加恐惧，制造恐怖，令其他人不敢招惹他们。这就是那些混蛋的思维方式。"

"是啊，"帕特打断杰夫的话，"可是那并没有阻止你为他们做了些事，对吗？"

突然间，一片阴云笼罩在父亲和儿子之间。看来，我们的谈话已经触动了这两个人的神经。杰夫犹豫了片刻，用冰冷强硬的目光瞪了儿子一眼。我默不作声，等着他们要么将故事细节娓娓道来，要么索性放弃这个话题。

"嘿，爸爸，"帕特斩钉截铁地说，"告诉他，你跟那群塞尔维亚疯子掺和到一起的时候发生了什么事。"

杰夫在他的座位上不安地挪动着。他使劲地吸了一口刚卷好的烟，又灌进去一大口圣米格尔啤酒。"是的，帕特说的没错。两年前，我也从塞尔维亚人手里接了些活儿，我是有天晚上在巴努斯港的一家俱乐部里认识他们的。他们最初看起来还算可靠。我当时手头缺钱，因为我正在闹离婚。"

就在这时，我注意到帕特烦躁地在椅子上来回摇晃着。他早已听过这个故事，确切地知道下文。听他父亲重述，似乎令他感到不自在。

第六章 杰夫和帕特——父子店

杰夫继续说："我他妈的当时也真是彻头彻尾的糊涂。我同意用我的走私技能帮他们运两批货,据他们说是哈希。他们答应给我一大笔钱,预付了一半,所以我没有理由不相信他们。"

"老爸,他们是他妈的塞尔维亚人啊!"帕特点破要害,拒绝接过父亲递来的大麻烟。

"好啦,随你怎么说吧。是这样的,我在埃斯特波纳海滩附近租了个房子,有一个大车库。我做好了一切准备来接收第一批货,它们将被充气橡皮艇运来。橡皮艇定于从直布罗陀海峡中的一艘游艇上卸下哈希,并将它直接运上海滩。"

"接货过程就像抹黄油一样顺溜儿,毫无问题。连警察的影子都没见着。跟我在一起的三个塞尔维亚人看上去都还行,三十分钟之内我们就将货安全地运进了房子附属的车库里。在某种程度上,我感到非常自豪,因为我觉得那个活儿干得挺漂亮的。"

帕特的脸再一次变得通红,愈加愠怒:"接着说。告诉他那些箱子里到底是什么。"

那是第一次,我可以看出抽哈希烟是如何让杰夫保持冷静的,因为毫无疑问,如果没有大麻在他的身体里起作用的话,这会儿他一定会遏制他的儿子。

"看在基督的分上,帕特,别老是刺儿我。"

杰夫又吸了一大口烟,继续说:"第二天,我们都聚集在车库里,准备打开箱子,将哈希分装进较小的容器,以便通过西班牙和法国运到阿姆斯特丹。正当我准备撬开第一个大箱子时,一个高头大马的塞尔维亚人把他的手放在了我的肩膀上,说不要动。起初,我不知道他妈的他是什么意思。但是紧接着,他用手在我的肩膀上狠狠地掐了一下,痛得很!"

杰夫接着说:"我顿时明白了,他们不想让我看见那些箱子里装的是什么。我转过身，抬头望着那个该死的巨人，直截了当地问他箱子里是什么，是可卡因吗？他坚持说不是，我差不多相信了他。但我想知道箱子里到底是什么，因为如果不是哈希而是其他什么东西，会让我们成为警察的靶子，那么我就不想接第二批货了。"

"就在那一刻，我注意到车库角落里的一个塞尔维亚人正在打开一只较小的箱子，它也是属于同一批货的。那个巨人觉察到我不大高兴，试图让我离开车库。当我们走近侧门时，我看见那人正在小心翼翼地将一些手榴弹转移到另一个较小的容器里。"

"我吓得几乎尿了裤子。啊，我帮助他们走私了武器，还有天知道的其他什么东西！我当时非常愤怒，也害怕得要命，因为我太清楚了，假如塞尔维亚人察觉出我有一丝半点不赞同，他们就可能会将我当场斩首。所以，我努力保持着镇定，跟那个塞尔维亚巨人一起走进厨房，拿出我自己的哈希，卷起了一支烟，同时琢磨着下一步该怎么办。"

杰夫在黑社会的功夫这回派上了用场。"关于我看见了什么，我决定不向塞尔维亚人吐露一个字。相反，我假装自己生病了，于是就以此为借口回家了。事后我给他们打电话说，我去看了病，医生怀疑我患了胃癌。他们竟不知道对我的话该作何反应！我主动说愿意帮助他们运送第二批'哈希'，但他们说那是不明智的，没准我又会犯病。"

"我对他们说，不用劳驾为上次的工作付钱给我，因为我很内疚，让他们失望了。我他妈的算是走运，因为他们后来再没有找过我，我就像避瘟疫一样躲着他们，甚至有意地远离巴努斯港的那个俱乐部，我第一次遇到他们的地方。"

儿子帕特希望父亲从那次历险中汲取教训。"我告诉爸爸坚持只跟RP做事。在这个游戏中，其他任何人都不可信。无论在什么情况下，头脑清醒的人是不会跟一群塞尔维亚疯子搅在一起的。"他直视着坐在对面的父亲，"有时候，爸爸，你他妈的需要检查一下自己的脑子。"

值得赞许的是，杰夫这一回自嘲地接受了儿子的责备："是啊是啊，你又可以这么教训你的老子啦！"

这一父子团队的奇特之处是，他们都是自己最大的敌人。他们给人留下了一种深刻的印象，即有一天他们会大难临头。

我在阳光海岸将要采访的下一个英国人跟这对父子则大不相同……

第七章
失业青年巴尼

每年夏天，成千上万的英国和欧洲大陆的游客来到西班牙，在阳光海岸的沙滩上度过假期。离那里不过几条街道之外，便是由绝望的年轻人组成的犯罪网络。我在那里会见了巴尼（Barny），一个街头的哈希经销商。他的故事，揭示了在哈希大亨的财富和奢华背后不为人知的一面。

2006年至2007年的经济衰退冲击了西班牙之后，楼价暴跌，很多英国人，包括巴尼的父母，抛弃了资不抵债的海滨房产，回到英国，去寄居在亲戚和朋友的家里。当他们的英国父母逃离阳光海岸的时候，巴尼和他的许多童年时代的朋友被留在了西班牙南部。巴尼——当时二十岁出头——与他父母不同的是，他从小就生长在西班牙。他是在马贝拉后面山区的英国人办的私立学校接受的教育。具有讽刺意味的是，那同一所学校里有许多英国黑帮的孩子，其中有些人是靠哈希生意致富的。"那些犯罪分子的孩子似乎总是有大把的钞票，他们看不起像我这样来自所谓'本分'家庭的学生。"巴尼说。

当巴尼的父母宣布他们要回英国去的时候，仿佛掷下了一枚重磅炸弹，令巴尼产生了一种完全被剥夺了权利的感觉。他解释说："在英国没有我的生活。那个国家对我来说没有任何意义。我在这里出生、长大，这儿是我的家。我觉得我父母没有意识到迁徙对我将是多么困难。我的大多数朋友，处于类似情况的，也都留了下来，尽管我们全都在为生存而挣扎。"

而巴尼和他的朋友们的噩梦才真正开始。西班牙南部的工作机会很少，甚至连餐馆侍应生的活儿都很难找得到。仅就马贝拉地区而言，餐馆以每个月二十家的速度倒闭。巴尼解释说："仍旧开业的那些往往是家庭经营的，他们只会雇用自己的亲戚朋友。"

所以，为了生存，在过去的几年里，巴尼一直在销售哈希。他说："这比我的其他一些朋友不得不干的活儿要好得多了。我的两个女同学为了生存而从事卖淫，在这里的半合法的妓院工作。她们讨厌干那种事，可是别无选择。"

在马贝拉的一度是豪华奢侈的度假村四周，以及与它相邻的五光十色的巴努斯港，街道上曾经挤满了昂贵的跑车，衣着华丽的男女摩肩接踵。然而现在，举目望去，到处是一片衰败的景象。富人们已经遗弃了这个地方，很多其他的居民也因为负担不起房债而纷纷逃离了。

"我认为，回到英国去的人们没有意识到西班牙突然之间变得多么贫穷。在经过了三十年的成功之后，它几乎是下滑为一个第三世界国家了。"巴尼说。

自1960年代以来，西班牙的经济一直十分依赖于旅游业和建筑业，在某种程度上，这两个行业齐头并进。正如巴尼指出的："这里最大的问题是什么东西都死贵，没人买得起。我的父母靠着低息的二次按揭来维持生活水平，这种方法一度非常有效，只要房子不断地增值。可是，一旦经济崩溃，许多人的房子，包括我们的在内，就成了负资产。而且，所有的人都掉进了同一个大黑洞。"

巴尼最初接触哈希是通过他的一位老师。巴尼当时年仅十四岁，在学校组织的一次旅行中，老师让他尝了一回。"我很快就迷上了它。十五岁的时候，我每天都抽哈希，偷我妈钱包里的钱去买。那时候，我根本没有意识到它是如何降低、减缓人的感知，使人变得冷漠麻木和萎靡不振。我跟所有抽哈希的人一样，掉进了陷阱，不能自拔。"

"我的父母知道我抽哈希，但他们并没有试图阻止。我想是因为他们发现我抽了哈希之后比较易于被管束吧，我几乎整天都待在房间里，至少不像我的有些朋友那样在外面惹是生非。"

巴尼十八岁时，离开学校之后不久，他的父母陷入了财政危机——这件事猛然唤醒了巴尼。他解释说："我当时已经完全成了一个瘾君子，而且坦率地说，我几乎没有注意到我爸的工作发生了什么变故。他是个地产开发商，却没有任何地产可开发。当他告诉我他们计划返回英国时，我吓坏了。我感觉他们是想抛弃我，尽管他们想让我一起去。可是，我一辈子只去过英国几次，西班牙才是我的家呀。"

"我的父母未能说服我，他们很快就自己回了英国。跟他们说再见很难过，可我就是不能面对什么新规则和一个不同的国家。不过，他们离开的决定至少迫使我严肃地反省了自己滥用哈希的问题。事实上，我还真的把它戒了，并且开始试着找工作。"

尽管发出了数百份工作申请，巴尼连一个面试的机会都没得到。"不管什么工作，我都愿意去尝试，可是阳光海岸的就业机会是如此稀少，加之还存在某些对外国人的偏见，由于我有个英文名字，很多潜在的雇主就不愿给我面试的机会。"

在西班牙挣扎了好几个月，巴尼偶然结识了一个名叫阿尔

（Al）的英国老头儿，他认识巴尼在学校里的一些朋友，因为他卖给他们哈希。"我跟阿尔聊起来，他说尽管经济衰退，但大家对哈希的需求还是跟以往一样大。我们都觉得，这很可能是因为哈希烟比酒还便宜，你说是吧？"

"不管怎么说，阿尔需要一个'跑腿的'，往马贝拉西边的一些居民区送货，如果我一星期的七天都为他工作，他就给我一份基本薪水。那时，我的父母已经走了，我一直在一个朋友家的地板上睡觉。我得抓住任何工作机会，即使是非法的。"

"有了哈希经销商阿尔付给我的工资，我便可以跟两个同学合租一个公寓了。这让我如释重负。多亏有了这份工作，我可以盼望在西班牙有一个不错的前途。"

此外，巴尼承认，他的父母离开马贝拉之后，他发现生活中减少了很多压力。"经济衰退之后，他们处于崩溃状态，开始整天吵架，家里的气氛糟糕至极。坦白地说，他们走了我很高兴。"

但是，给阿尔当"跑腿"干了九个月之后，他接到来自伦敦的消息，说他的母亲死于一场车祸，巴尼的生活便被翻了个底朝天。"我彻底被妈妈的死惊呆了。那时候，因为父母搬去了英国，我跟他们的关系已经很疏远了，但我仍然还是感到很伤心。我立即赶回了伦敦，安慰我爸爸，但他已经成了一个颓丧无比的人。他还因为当初我不跟他们回去而生我的气。他几乎责怪我造成了妈妈的惨死。再说，待在伦敦的亲戚家里，我觉得浑身不自在。"

两个星期后，母亲的葬礼结束，巴尼作出了返回西班牙的决定。"无疑我是很难过的。我仿佛是抛弃了爸爸，但无论我说什么或做什么，都不能令他快活起来，所以我就说服自己，没有我，他可能还会过得好一些。这或许不是事实，但它给了我一个借口返回马贝拉。"

可是,当巴尼回到西班牙后,他发现哈希经销商阿尔已经用一个新"跑腿"——一个褐色头发的漂亮女孩取代了他。阿尔认为,相比巴尼,她可以更好地取悦他的客户。"我想我是相当天真的,以为没人会抢走我的那份工作。这里的年轻人全都跟我一样绝望,那个女孩的确非常有吸引力,我看得出来为什么阿尔更想雇她。但这对我是一个沉重的打击。我不再付得起房费,室友威胁要把我赶出去,我感觉生活好像再一次倒退到从前那样了。"

巴尼说他那时"落到了谷底"。他解释说:"我搬出了合租的公寓。其实是被撵出去的,他们把我的所有东西都从阳台扔到了楼下的街上。我走投无路,于是开始在以前我家附近的海滩上过夜。我在餐馆和超市外面的垃圾箱里捡东西吃。我睡在从童年起就熟识的小海湾里,但我必须不断地变换藏身之处,因为害怕被国家警察局当作流浪汉而拘捕。"

巴尼承认:"唉,我抑郁和绝望地四处徘徊,不知道有何出路。我睡在人家房屋的门口,海滩,甚至公共长椅上,但我的选择已经穷尽。我一直在想爸爸在家怎么样了。我没钱,于是就找到一个公用电话,打了一个对方付费的电话给爸爸。他听说是我,拒绝接电话。我沮丧极了,便在大街上痛哭起来。那一刻,我觉得自己是世界上最孤独的人。我的家人不想要我;我的朋友们把我赶了出去。情形甚至坏到那种地步,当我在街上遇到老同学时,他们会扭过头,假装没看见我。"

就在那天傍晚,巴尼遇到了也是流落街头的一个老家伙。他告诉我说:"他是英国人,来自北方,看上去还算正派。我们俩最后决定,一同在我从小就熟悉的一处僻静的海滩上过夜。不料,半夜三更时,我突然被惊醒了,在黑暗中听到了很多动静。"

"我开始没睁眼,因为想要尽可能多睡一会儿。猛然间,我觉得有人骑在我的身上。是那个男人，他想强奸我。我想把他推开，但他很强壮，紧紧地钳住了我的手臂，企图迫使我跪在沙滩上。我说我不是同性恋，但那似乎令他更加恼怒。他命令我把裤子脱掉，我拒绝了。然后，刹那间，他对我的手腕放松了一点，我立即用尽全力反击过去，又转过身来狠命地踢他的下身。这时我才注意到他是赤身裸体。"

巴尼继续说："我爬起来狂奔，跑了将近四里路，直到确信他找不到我了才停下来。就在那一刻，我下定了决心：我要采取行动，要挣钱。我考虑了所有能用来谋生的途径，得出了结论：卖哈希大概是最安全的。我知道阿尔是从哪里搞到货的，我明白我必须十分小心，不能到阿尔的地盘去卖。这是我唯一的选择。"

由于他在马贝拉的关系，不出一个月，巴尼就有了一份客户名单，挣到了足够的钱，可以试着过上一种"正常的"生活了。

现在，两年过去了，巴尼说他迫不及待地想脱离哈希生意，试着去干点什么有生活意义的事。但是，在西班牙的经济衰退日益加剧的情况下，看起来几乎没有任何机会。

他继续说："我做哈希经销商，遇到过几次险况，但也没有什么特别大不了的。我打交道的绝大多数都是些善良的旧式大烟鬼，他们连一只苍蝇都不会伤害。我开展自己的业务之后不久，甚至还撞见过阿尔，他说希望我好，只要别侵占他的地盘就行。"

巴尼说，最大的问题是向他供应哈希的职业黑帮突然决定提高价格，或是用次货来敷衍他。"那可就有点难办了。那些家伙都是不折不扣的罪犯，不像我。如果我退让，他们就会利用我的软弱，骑到我头上来。有几次，他们拿枪对着我，因为我不向他们低头。可笑的是，这恰恰是对付他们的最好办法，因为这使他们至少对你产生了一定程度的尊敬。"

最经常给他供应哈希的人是当地的一名警察。巴尼告诉我："这家伙其实是通过我的一个客户跟我接触上的。起初我还以为他在诈我，然后他解释说，他的警察站每年没收成吨的哈希，本应每月一次放进焚烧炉中销毁，但从来都没人仔细督查，很容易就能偷到大块的哈希而不被察觉。开始我对这个警察绝对是很不放心的，可结果证明，这家伙简直是个大金矿。当他履行诺言，在预定的会合点把一块哈希砖交给我时，我发现，那是我所见过的最上乘的哈希！"

不过，巴尼仍然深信，假如他留在哈希游戏之中太久的话，他踏上的将是一条不归之路。"我注意到了，聪明的经销商从不在这一行里滞留太久。人们都说，一旦开始考虑脱身，你就应当立即洗手不干。因为，如果做事不专心了，你便开始犯错误，一旦这样，你基本上就完了，坏事迟早会找到你的头上。"

巴尼提到，在他的"领地"外围工作的另一名小经销商得了"一个非常残酷的教训"。"我的这个伙伴从一个阿尔巴尼亚人那里买了一批哈希。感谢上帝，我从来都是躲着那个阿尔巴尼亚人的。不管怎么说，我的伙伴接了那个阿尔巴尼亚人交付的哈希货，他当时没有足够的现金支付全部货款。可是，当他再次见到那个阿尔巴尼亚人时，这个愚蠢的白痴竟然忘了付清他欠下的钱，几天后，一名男子用枪敲开了他家的门，他刚一打开门，就挨了一颗子弹——他没被打死，但从此就一直没能找到工作了。"

不过，巴尼讲的所有故事中，最悲惨的是关于他认识的另一个年轻经销商。由他负责经手的属于一个犯罪大亨的一批哈希货丢失了，"他们追查这个年轻人，捣破了他住所的前门，当他说赔不起丢失的货时，他们就把他拖到埃斯特波纳的同性恋妓院里，强迫他在那儿用身体还债。后来这家伙当了个跑腿的。我最后一次听说他是在西班牙北部的什么地方，给一个极其歹毒的哥伦比亚黑帮卖命。"

那么，巴尼究竟如何才能最终从哈希生意中解脱出来呢？他解释说："我已经存了很多的钱，时机一到，我就会采取行动。我知道，这事宜早不宜迟，否则我就会像其他一些人那样，躺到一个什么地方的乱坟岗里去了。"

巴尼的故事既令人感到悲哀，也颇具启发性。他利用哈希来求生存，但是说到底，他更多地是一名受害者，而不是罪犯。他像其他很多人一样，渴望过上一种正常的和幸福的生活。

第八章
英国囚犯比利

阿尔豪林·德拉托雷（Alharin de la Torre）监狱坐落在阳光海岸上，距马拉加不远。它以西班牙最拥挤的监狱而著称，关有两千多名囚犯，而它当初的设计最多能容纳九百名囚犯。相比世界上任何其他监狱，它关押了更多的哈希罪犯。

在这里，犯人之间相互攻击或是犯人攻击狱警的事件很少发生，因为这个监狱在很多方面的管理都比较宽松。许多囚犯持有手机，而且据说所有的工作人员都接受一定金额的贿赂。

然而，我访问阿尔豪林的那天，恰逢在牢房里发现了一名二十一岁囚犯的尸体。他的狱友报告说那个年轻人病了，躺在监室的地板上。他吞进了十多个哈希胶囊，过了不久就死了。

仅仅四十八小时之前，那个囚犯才从加的斯（Cadiz）的普埃托第三监狱转移到阿尔豪林，目的是到梅利利亚附近的法院出庭。监狱里的人们传说是一名狱警将哈希胶囊给了该囚犯，逼迫他吞下去的。

不消说，阿尔豪林是个恶臭不堪的所在。刚一进门，一股潮湿、血腥和恶心的气味便扑面而来，还夹杂着少许消毒剂的辛辣味儿。监狱里举目皆是白色，从狱警的苍白面孔，到破损的墙壁和略泛黄锈的铁门。不过奇怪的是，这里悄无声息。这很出乎意料，因为这座巨大建筑物里关押着世界上最危险的一些毒枭。

这里离欧洲头号度假胜地阳光海岸仅约10公里。监狱本身坐落在一条巨大山脉脚下的平原上，据传那里散布着许多毒品走私犯和其他犯罪分子的坟墓。这是一个所谓的单元式监狱，它由五个不同的单元组成，每个单元里关押着不同类型和等级的囚犯；或许更令人惊讶的是，这所监狱竟然还有一个关押女囚的单元，出于明显的原因，它与男囚的单元并不直接相连。

一个在这里被关押了许多个月的英国罪犯告诉我，囚犯们认为，当局是有意地将女犯关在男犯的视野之内，从而让他们"饱受煎熬"。他说，男犯们有可能向那些监室里的女犯招手致意；有时候，男女囚犯之间还设法建立起某种远距离的关系。但是，这些听起来都非常令人丧气，只不过是更给阿尔豪林增添了死亡气息和火药桶的氛围。

从远处望去，这所监狱是几座不太高的旧塔楼，在苍凉的岩石群中赫然兀立，俯视着大海以及过度发达的阳光海岸上的巨大的混凝土结构建筑群。初建阿尔豪林时，大部分沿海度假村不过是散落于荒芜海岸线上风景如画的渔村。如今，阳光海岸仿佛是一个小型的里约热内卢（Rio de Janeiro），清一色的高楼和单调乏味的私人度假屋比比皆是，它们都是在1990年代繁荣时期偷工减料、高速建造的，其中很多自2007年经济衰退以来便被住户抛弃了，或始终就是空置着。

在安达卢西亚（Andalucia）南部地区的这所最大的监狱里，神色严峻的狱警在搜查所有访客时都很随便，漫不经心，不大符合人们预期的那种严格的安全措施。这里单调死板的氛围，使这些"螺丝钉们"的工作显得枯燥乏味。同时也看得出来，他们的工资收入很低。

我去阿尔豪林是为了会见臭名昭著的资深英国罪犯比利（Billy），他的大本营设在阳光海岸。几个星期前他被逮捕了，当时他正到另一名犯罪分子的家中去送一批哈希货，那名罪犯碰巧处于警察的监视之下，因为他是个毒品大亨，而且被怀疑从事大宗武器交易。

我访问阿尔豪林时，没有暴露自己的真实身份，因为可以进去的唯一方法就是假装为比利的朋友。其实早在许多年前，我曾因一个电视节目采访过他，后来一直与他保持联系，也可以算得上是朋友吧。几个星期前，他从监狱里用私藏的手机打电话给我，说他陷入了警方的圈套，估计要在里面待上几个月，他的律师才可以让法院准许他保释。西班牙的法律制度运作方式很奇特。经常发生的是，当一个外国犯罪分子被逮捕、关进牢房之后，执法当局就通知他，如果他能交纳一定数量的保释金，便可以被放出去候审。正如比利所解释的："那可能要等好多个月，直到把你折腾垮。最后，你吐血交出现金——通常是15万到20万欧元，你就会被释放，然后你最好尽快地从西班牙滚出去。"

这似乎是西班牙当局"蓄意"实行的一种政策，但他们从未公开承认过。如果罪犯交纳了足够的保释金，他或她就可以消失，为政府节约数万，甚至是数百万欧元的法律费用和监狱关押的开支。比利解释说："也就是说放我走，只要我离开这个国家就行。这比起让我待在里面二十年要为他们省很多钱。这个办法挺高明的，是吧？"

在阿尔豪林内，囚犯对狱警的比例是20∶1，同我参观过的世界各地的其他一些监狱相比，这似乎是挺不错的。攻击看守的事件在这里也很少发生。但是，精明的比利揭示了表面现象背后的真相："狱警跟我们真的没有什么不同。其中大多数人是当不上警察才干上这行的。他们的收入非常之低，而且对此相当不满，所以他们往往对我们表示同情，这也就意味着，其中大多数人对腐败和接受贿赂都持开明态度。"

任何时候只要比利愿意，他就可以用手机往外面打电话，而且，假如他的手机被没收了的话，狱友利昂在其监室里还藏了三部。只要囚犯愿意付钱，狱警便会为他们购买额外的食品。在比利的监室附近还有一个附属的特别厨房，蓝带囚犯们每天晚上在那里烹饪他们最喜爱的饭菜。监室中甚至还允许有电视机。

比利说："所有这些都有助于人们保持安静。狱警整体来看是好的。似乎无人介意囚犯的贿赂行为，尽管他们不太愿意公开允许将毒品带进来。"比利带着一丝苦笑补充说，"告诉你吧，在阿尔豪林，我抽过最优质的哈希。没有人敢卖劣质东西，因为我们全都集中在这儿，很快就会发现是谁干的。"

然而，尽管有一种所谓的轻松氛围，从很多方面来说，阿尔豪林并不总是一个令人愉快的地方。"有很多囚犯实际上应当住进精神病院，监狱不是他们该待的地方。西班牙人似乎就是不接受人有心理问题的这个事实。"比利告诉我。

二十五年前，比利初次来到阳光海岸，之前他是一个在伦敦受过大学教育的音乐家，很有希望成为一名摇滚乐明星。后来，他卷进了一笔1万英镑的哈希交易，才决定跑到"犯罪海岸"来。"卖给我毒品的那个人被抓了，我就知道警察来找我只是时间问题。我听说西班牙是个易于操作的地方，于是就买了机票，收拾了行李，跑到了这里。从此我就再也没回过英国。"

比利很快就过上了一种由毒品、性和酒占主导的生活，很多在西班牙南部生活的外国亡命徒都是这样。"那时在这里搞大宗货运实在是易如反掌。警察的收入如此微薄，他们甚至从来都不追查案件，"比利解释说，"他们采取的态度是，只要犯罪分子仅仅做哈希交易，就不去找他们的麻烦。不管怎么说，我在这里见过的所有的警察，都喜欢抽哈希，我总是确保让我喜欢的警察得到他们想要的东西。"

就这样，后来的二十年里，比利在圣佩德罗度假胜地建立了由自己的帮派运行的哈希帝国，离西马贝拉仅约10公里。"那些日子实在是太滋润了。我有一个干练的队伍为我工作，我赚大钱，尽情享受美酒、女人和音乐，甚至供我的孩子上私立学校。我曾经付现金买了最高档的奔驰汽车和一幢房子。我觉得自己是无可企及的。你知道吗？我的确是的，从某种意义上来说。我处理哈希生意就像银行家交易股票和股份。我轻松、自信，从来不需要跟任何人较劲儿。大多数情况下，我手下的小伙子们包下了所有同买方交涉的事务，所以，我几乎都不必弄脏自己的手。那是一个十分有效的运作系统。"

比利也在摩洛哥建立了强大的哈希贸易关系网。"它真的是很文明。每六个星期左右，我会去丹吉尔一趟，组织另一批货运，支付现金。然后当船到岸时，派我的人去接货。"

比利估计，大约有十五年的光景，在西班牙南部做哈希贸易"比做房地产代理更安全"。他解释说："我把自己看作是一个职业商人。我的妻子和孩子们也以为我是。财源滚滚。从来就没有任何暴力行为，我觉得自己站在世界的巅峰，几乎是天下无敌。"

但是，比利承认："后来我不自量力，越做越大，超出了我所能掌控的范围。"

"我买下了一个俱乐部，基本上算是一家妓院吧，我估计会是个很不错的小副业，并且能够通过它来洗哈希赚的钱。"

西班牙的所谓"俱乐部",实际上是附有卖淫房间的酒吧。美其名曰"俱乐部"是为了规避反卖淫法,因为那些房间在名义上是"出租"给为俱乐部工作的女孩的。比利解释说:"利润主要是来自饮料而不是性交易。一杯啤酒可以卖上正常价格的十倍,再加上女孩收入的25%必须付给业主。"

但是,买下了俱乐部,从遥远的南美和东欧招募来女孩之后不久,比利很快就领教了如今什么是阳光海岸上的地道犯罪分子。"两个俄国人走进了俱乐部,把我拉到一边,提出要我把俱乐部的利润跟他们分成。我惊呆了,对他们说滚你妈的蛋!我简直不敢相信,他们如此厚颜无耻,竟以为可以来我这儿蹭饭。"

但是,这件事引发了一场残酷的地盘之争。"事实证明,俄国人是彻头彻尾的疯子。他们绑架了我的保加利亚籍女友,威胁说要割掉她的耳朵,假使我不让他们接管俱乐部的话。我愤怒至极,我在西班牙多少年了,从来没有人试图对我这样干过。可是,时代在变化啊。"

最后,比利付了10万欧元赎金给俄国人,然后雇了三个罗马尼亚黑帮分子"给他们上了该死的一堂课"。他接下去说:"那件事花了我将近25万欧元。结果,一个俄国人被枪杀了,我不得不开始雇用私人保镖,并且雇人白天黑夜地保护俱乐部。我不得不随身携带武器,真他妈的可怕。最后,一共有来自三个不同帮派的人上门,想要瓜分我的俱乐部和毒品生意。"

比利说,如今,在西班牙南部的外国黑帮试图经营所有的犯罪领域。"他们企图控制卖淫、毒品、走私、贩卖人口和伪造货币等等。我深知,情形是一天比一天险恶,可我目前还不能关闭经营,退休到巴利阿里群岛(Balearic Island)去,因为我要养活家人,我有生意要运转。"

现在，比利承认，他当初应该从哈希游戏中脱身。结果呢，他给一个军火贩子送哈希货时被西班牙警方逮捕了。他说："在过去，没人会注意枪支交易商。可现在，警察的反恐部门盯上了他，因为他们认为他向恐怖主义分子提供武器。我就那样直通通地掉进了陷阱。"

比利深感后悔的是，没有早一点关闭他的生意。"我预料到这一切要来，但是像很多其他人那样，总觉得自己是刀枪不入。我真的以为所有这些外国人会互相残杀，最后自取灭亡，然后事情便会回到从前那个样子。"

然而，比利也承认："从某种意义上说，被逮捕是变相的因祸得福，因为我敢肯定，总有一天我会被那些变态的外国人打死的。"

比利预测，阳光海岸的情况将会更加恶化。"我听说有的人仅因为500欧元的债务就被杀死了。局面已经失控了，我看事情只会变得越来越糟。"

我采访比利几个星期之后，他从阿尔豪林被取保候审，溜出了西班牙。不久之后他打电话给我，说他永远也不会再回阳光海岸了。他正往南美去。"那个地方已经完蛋了。它是个大垃圾堆，它将要从内部爆炸。啊，我估计事情会变得更加要命。我得干点什么来谋生，还不知道是什么，但毒品现在对我来说是过去的事了。被捕之后，我失去了我的俱乐部，我的房子，一切。现在，在经过了那些漫长的疯狂岁月之后，我有机会开始一种新的生活了。"

第九章

"外国帮"成员埃迪

并不单是英国的亡命徒们将西班牙变成了犯罪分子的藏身之地。据估计，今天在西班牙的海岸线上聚居着约七十种不同国籍的两万多名外国歹徒，包括俄罗斯黑手党和从阿尔巴尼亚、科索沃和苏联各共和国来的武装团伙。除了毒品交易之外，非法进口烟草和香烟的生意也很火爆，对在西班牙的外国犯罪分子来说，它们几乎跟毒品一样赚钱，而风险最低。

主要是这些来自东欧的年轻、粗暴的黑帮们，逐渐地在沿海地区侵蚀了传统的西班牙和英国哈希黑帮的势力范围。这些角色中的很多人基本上定居在西班牙。他们往往以合法企业做掩护，充当组织者和中间人，安排大宗的哈希走私，以及从事各种其他犯罪活动。

西班牙沿海地区的警力有70%被用于侦查毒品案件。据西班牙官员说，当今典型的哈希大亨是二三十岁的年轻人，通常是外国人。他们是这么一类角色：可以径自走进酒吧或夜总会，二话不说就掏枪将某人当场击毙，以此给竞争对手发送一条信息：别他妈的惹我。

这些以西班牙为基地的哈希黑帮使用冲锋枪，甚至雇用杀手，令任何可能触犯他们的人闻风丧胆。他们往往有十五到二十名铁杆成员，其中有些人也许是从小一起长大的哥儿们。每当出现冲突，比如地盘之争或毒品货物丢失等情况时，就会引发暴力行为。这些犯罪分子常常是首先投资于时兴的俱乐部，在俱乐部里提供来自欧洲，尤其是荷兰的合成毒品。

西班牙的毒品暴增现象，凸显了境外犯罪集团所起的重要作用。近年来，这些集团的头目在西班牙培植关系，安置自己的帮派成员充当哈希走私组织的国际中间商。他们在西班牙的关系网发展得十分精密复杂；他们的供货和分销网水平常常是首屈一指的。

1990年代中期，在都柏林发生了一起令世人震惊的事件——爱尔兰记者维罗妮卡·格林（Veronica Guerin）被残忍地谋杀了。之后，爱尔兰通过了《犯罪收益（追缴）法》（*Proceeds of Crime Act*），并且成立了犯罪资产局（Criminal Assets Bureau）。因此，许多做毒品生意的歹徒从该国逃到了西班牙。其中一个臭名昭著的谋杀嫌疑犯，据传目前在西班牙南部经营，是欧洲最大的哈希供应商之一。他开始得势是在另一个更大的黑帮头目被逮捕之后。那个黑帮头目出生于伯明翰，父母是爱尔兰人。继他之后，这名谋杀嫌疑犯便成为欧洲大陆的爱尔兰人毒品圈里的"黑老大"，过去三年一直在荷兰、比利时和西班牙之间活动。

西班牙警方透露了一个令人发指的案例，那只有塞尔维亚的施虐狂们才能干得出来。在首都马德里，斯雷科·卡林尼奇（Sretko Kalinic）——绰号"屠夫"，与另外几个人一道折磨并杀害了同帮派的一名成员：米兰·尤里希奇（Milan Jurisic），然后将他炖了。他们先是用榔头将尤里希奇活活打死，接着用锋利的刀子剥皮剔骨，把他的肉塞进绞肉机。警方说，这帮歹徒煮了死者的肉当午饭,并用他的皮制成了恐怖面罩,最后,把他的骨头扔进了马德里的曼萨纳雷斯河(Manzanares)。

2011年,"屠夫"卡林尼奇在克罗地亚首都萨格勒布(Zagreb)被捕后供认了此项罪行。据信,被杀死的尤里希奇是被缺席判决的在2003年暗杀塞尔维亚总理佐兰·金吉奇(Zoran Djindjic)的一名逃犯,他因为偷了帮派成员的钱而触怒了他们。

另一名黑帮成员,卢卡·博约维奇(Luca Bojovic),也涉嫌参与谋杀金吉奇总理(他否认这一指控),后来在瓦伦西亚(Valencia)被捕。警方声称在博约维奇的公寓里发现了一份书面材料,它佐证了卡林尼奇的令人脊背发凉的供词。

******

西班牙自从陷入经济衰退以来,截至2012年,四年内已有超过两百万人失去了工作,失业总人数达四百万以上,失业率达21.9%,成为欧盟中失业率最高的国家之一。许多失业人士最终落得从事非法的毒品贸易,常常是为财大气粗的外国黑帮卖命,比如大亨埃迪(Eddie),他熟谙这种交易的所有伎俩。

我在西班牙南部的拉林尼亚(La Linea)的一间昏暗仓库里见到了埃迪。从那里跨越2公里的海湾,即是直布罗陀巨岩。埃迪带着全副武装的帮派成员保镖,穿着宽大的连帽厚夹克,戴着太阳镜,以隐藏身份,这使他看上去有点像动画情景剧《南方公园》(*South Park*)里的角色。埃迪向我介绍了哈希生意的来龙去脉,以及全球经济衰退对它造成的影响。他还和我一起深入探讨了购买、批发和销售大宗哈希货的复杂程序,以及未来西班牙的内地业务何去何从,等等。

"今天的哈希业跟在西班牙的所有产业一样，生产费用增加，价格却下跌了。"埃迪平静地说。他有着淡淡的德国口音，我后来发现他出生于瑞士。

埃迪承认，他的祖父是1950年代后期从哥伦比亚向欧洲出口可卡因的第一位商人。他的父亲从西班牙南部将一批毒品走私到英国时，在比斯开湾（Bay of Biscay）遇到风暴，从一艘游艇上跌入海里淹死了。

哈希可能会被许多人视为无害，但在埃迪的扭曲世界里，它是一种冷酷无情的买卖，必须采取极端的暴力行动来进行"保护"。他还要付给当地警察巨额费用，以确保他的生意不受干扰。埃迪跟我谈话的时候，他的"团队"正在一丝不苟地将真空包装的哈希藏进一辆奔驰车的底盘下面，它们的价值为50余万欧元。

埃迪在他办公室的保险箱里存放着许多现金，以便可以随时挪用来买通西班牙警察和地方官员。他微笑着说这是"交税"，在组织大宗哈希货运时，他总要付出至少上万欧元的现金贿赂。

埃迪走进办公室，从保险箱里拿出一叠钞票，数了1000欧元放进他的夹克口袋里："我总是带着这笔钱，万一出现什么麻烦，可以立马掏出来递给政客们。这样他们就被我驯服了。"

埃迪撬开了一瓶伏特加，开始谈论他在哈希的神秘世界中的职业生涯。"没错，干这个活计就像是坐翻滚过山车。"他笑着说，"但这就是我的生活，我的职业，可能直到我死的那天也不会改变了。"

埃迪的帮派主要是由与他共事多年的西班牙人组成。"我大概算是一个外国人吧，但我们之间有多年的交情。这意味着我可以跟他们以生命相托。在这个游戏里，你必须有信得过的人，否则你就将栽在监狱里或丢掉性命。"

埃迪说，过去的十年里，西班牙南部的哈希消费量已经增长了十倍。"年轻人在经济上破产了，厌倦了生活。哈希卖得比酒精更便宜。在这里，几乎每个二十多岁的人都经常抽哈希，它是一种生活方式。这就意味着对我的产品有稳定的需求。"

埃迪的"领土"在安达卢西亚，处于拉林尼亚和塞维利亚（Seville）之间，约150公里的范围。他解释说："我的生意运作得就像钟表发条，风险很低，因为我的哈希来自摩洛哥，直接销售到西班牙这一带的街区，我卖给当地的'经理'，他们有自己的经销商帮会。"

埃迪认为，他得以成功和确保安全的关键，是在哈希抵达西班牙领土的36个小时内就全部出手。"我争取以最快的速度卸载。在我手里的时间越短越好。我把它们从船上卸下来，直接运到我的仓库，在那里立即批发给各个城镇。这意味着只有非常短的时间，警方可能抓到我手里有哈希。这挺合乎情理的吧。"

但埃迪并不总是那么顺风顺水。五年前，一个摩洛哥人欺诈他，给他的货缺斤少两。埃迪解释说："这家伙坑我，我很气愤，就去丹吉尔找他。我们吵了起来，结果，他开枪打伤了我的手臂。哼，就他那个臭枪法！那没什么大不了的，最后他补上了短缺的哈希。但从那以后，我便不再和他做买卖了，这样至少让人们明白：我不是能轻易被算计的。这一点很关键，因为在这个游戏里，名声是至关重要的，否则他人将滥用你的信任。"

埃迪给我看了看他手臂上的伤疤。"现在我管这个叫做我的'名片'，每当我想让哪个坏蛋识相一点时，我就亮出这个伤疤，他们顿时就明白了，我是不会给吓唬住的。"

当我们继续喝着伏特加、在埃迪的仓库里交谈的时候，哈希砖被全部装在那辆奔驰车的悬架里和后面的地板底下了。汽车发动了起来，三个帮派成员出发去科尔多巴（Cordoba）送货。埃迪说："我只跟本地人做生意，这样要简单安全得多。无论什么时候，一旦有英国人、爱尔兰人和东欧人掺和进来，事情就变得更复杂，风险也更大。我坚持只跟西班牙人打交道。我更信赖他们。"

埃迪二十几岁的时候曾被当地警察抓住过一次，给关进了监狱。他说："现在，我认识这里的大多数警察。他们绝大多数时候都放我一马。我定期给他们送钱来表达谢意。但是几年前，有个新的副局长从外地调到这个地区来，试图打击像我这样的人。那段时间对我来说是一场噩梦，因为所有的警察老关系都不得不退避三舍，甚至假装不认识我了。"

"结果，警察突击搜查了我当时拥有的一个仓库，发现了正准备运往塞维利亚的价值5万欧元的哈希。他们当场逮捕了我。我自知没法逃脱干系，就承认有罪，被判了十八个月。不过，一年之后我就出来了，所以也不是太糟。"

像其他许多参与西班牙哈希贸易的人一样，埃迪说，假如他被发现是拥有可卡因，那就会被判十年以上的徒刑。"连法官宣判时都耸了耸肩，说那地方有的是更严重的犯罪活动，当初根本就不应该逮捕我。"

埃迪被囚禁之后不久，那个给他带来诸多麻烦的警察局副局长又被调到另一个城市去了。"感谢上帝，一切又恢复了正常。"

埃迪举起盛着上好伏特加的玻璃杯："为哈希干杯！祝它继续繁荣昌盛……"

第三部分

阿姆斯特丹:哈希贸易的门户

> 金钱滚滚而来,我都不知道该怎么打发它。
>
> ——荷兰哈希大亨尼尔斯

西方某军事基地正在焚烧大麻制品

近半个世纪以来，荷兰一直是毒品贸易通往欧洲的门户。就哈希而言，荷兰警方正在进行一场艰苦的战斗，因为该国的大多数公民认为它应当被合法化。尽管在各主要城市的所谓"哈希咖啡馆"里容许人们吸大麻，哈希黑帮的活动仍然十分猖獗。

2012年，在鹿特丹海港区，特警队从两个来自摩洛哥的集装箱里发现了1.5万公斤的哈希，价值4700万欧元，它是被运往荷兰和比利时的市场。四名嫌疑犯被警方拘捕。此外，警察还突击搜查了几幢房子，缉获了10万欧元、一支枪和一些子弹。

每当同时提到阿姆斯特丹和哈希时，大多数人的脑海里便会浮现出那些小巧的大麻咖啡馆，学生瘾君子们围坐在里面，乐享大麻烟。然而，由于其重要的地理位置，荷兰常常是地球上最残忍的一些毒枭们的光顾之处。

以汉克·奥兰多·鲁米（Henk Orlando Rommy）为例。他于1951年3月4日出生在苏里南（Suriname）的帕拉马里博（Paramaribo），前属荷兰殖民地。鲁米的家庭最终定居在荷兰的第四大城市乌德勒支（Utrecht）。1970年代末期，鲁米参与了旧车和被盗古董的买卖。

1977年他被逮捕,并被定罪为企图销售被盗艺术品,包括伦勃朗的一幅作品,因此被判处三年半监刑。

从监狱被释放之后,鲁米开始参与贩运大宗的哈希到荷兰和比利时。他又在摩洛哥被捕,但在死囚牢房待刑十八个月之后即被赦免了,据称是由于摩洛哥国王哈桑的生日大赦。

鲁米一被释放,立即回到他熟知的最有利可图的生意——哈希。他与臭名昭著的荷兰犯罪头目约翰·沃豪克(Johan Verhoek)密切联手,成为欧洲势力最大的毒枭之一。1992年,当鲁米在摩洛哥的哈希关系逐渐枯竭时,他又迅速在巴基斯坦找到了一个新关系,转而开始从那里贩运哈希。

那个时期,鲁米集中做加拿大和英国的市场。1993年,据荷兰司法部门估计,他的组织每年营业额高达1.2亿美元。鲁米在荷兰和西班牙拥有多处豪宅。他也是一个非常阴险毒辣的家伙,正如他的新外号"黑眼镜蛇"所暗示的。

2003年4月4日,鲁米在荷兰被捕,被指控从西班牙进口了一吨哈希。他被判有罪,但仅被判处一年徒刑。结果,由于监室短缺,鲁米提前三个月就出狱了。

当他在西班牙被美国药物管理局诱入了一个陷阱时,鲁米的运气终于到头了。他从那里被引渡至美国。2006年9月30日,鲁米被认定有罪并被判处二十年徒刑,他至今仍然蹲在大牢里。

但相比以阿姆斯特丹为基地的克拉斯·布鲁因斯马(Klaas Bruinsma)的传奇,甚至鲁米的业绩也显得逊色了。布鲁因斯马被誉为是欧洲有史以来最大的毒枭,他是知名的"高人"(De Lange),亦称"神父",那是由于他惯穿黑色外套,并且常常向他人说教毒品的祸害。

布鲁因斯马出生于阿姆斯特丹,来自中产阶级家庭。从高中时代开始,他便吸食和贩卖大麻烟,十六岁时第一次被捕,但是当即被释放了,执法部门不过是给他一个警告。

后来他被学校开除,1974年开始专职贩毒。两年后,布鲁因斯马被捕,并被定罪为走私哈希。刑满释放后,他将自己的姓名改为"弗朗斯·范阿克尔"(Frans van Arkel),又叫"高弗朗斯"(Tall Frans)。

1979年末,因组织来自巴基斯坦的大宗大麻货运,布鲁因斯马再次被定罪。这一次他从监狱出来后,更进一步扩大了他的哈希公司,进军欧洲,包括德国、比利时、法国和斯堪的纳维亚半岛。1983年,他卷入了由哈希货物被盗引起的一场枪战,射杀数人,自己也被打伤。第二年,由于这一事件,他被判处三年监禁。

但是,所有这一切似乎都不能令布鲁因斯马的利润丰厚的哈希生意受挫。据说在1980年代末,布鲁因斯马的组织每天有数百万荷兰盾的进账。他当时决定自己该退休了,但经不住诱惑,做了最后一笔大生意,进口了45吨大麻。结果,由于警方收到了匿名举报,货物刚一抵达荷兰即被没收。布鲁因斯马为此几近吐血,并寻求报复,因为他知道,告密者必定是自己的帮派成员。

1990年在一家妓院里,布鲁因斯马和他的英国同伙——一个名叫罗伊·阿德金斯(Roy Adkins)的罪犯,就那次哈希被缉获的事件发生了口角。他们还开了枪,但没有人受伤。然而,阿德金斯在当年晚些时候被暗杀了,所有的人都认定那是布鲁因斯马干的。

1991年6月27日的晚上,布鲁因斯马跟前任警员马丁·胡戈兰德(Martin Hoogland)——当时受雇于荷兰的黑手党——发生了争执。凌晨时分,胡戈兰德将布鲁因斯马打死在阿姆斯特丹的希尔顿饭店门前。胡戈兰德自己也没有好下场,在2004年被暗杀了。

上述案例只是冰山一角，它们毫无疑问地证明，对于哈希的神秘世界来说，荷兰的作用至关重要。荷兰不仅是向西欧其他地区走私毒品的中转站，而且在过去十年中，它的哈希黑社会基本上没有受到什么打击。

第十章
"白手套"尼尔斯

据估计，今天的阿姆斯特丹比世界任何其他城市都拥有更多的哈希百万富翁。为揭开当地哈希犯罪的真实内幕，我挖掘出了荷兰的一名生意高手，名叫尼尔斯（Nils）。我跟他第一次见面是二十多年前，当时我和他共同出现在阿姆斯特丹的一个介绍犯罪问题的电视节目上。

那时候，尼尔斯是一个浮华张扬的所谓的俱乐部业主，阿姆斯特丹的彼得·斯特林费洛①，非常热衷于在城里炫耀自己的财富和影响力。他像大多数荷兰人，说一口流利的英语。他把自己的商务名片塞进我的手里，建议我下一次到阿姆斯特丹时去找他，他会带我去参观城市的另一面，那是其他任何人永远不会展示给我看的。

我当时对他没太留意，直到十年之后，我注意到了一个有关尼尔斯的报道，提到他因策划荷兰当局所称的"迄今见过的最大的哈希走私之一"，被判入狱五年。从法院的听证得知，尼尔斯每年洗钱（从哈希赚来的）数千万欧元，通过他在阿姆斯特丹拥有的三个

---

① Peter James Stringfellow（1940— ），英国商人和夜总会所有者。

夜总会以及诸多企业，包括"自己动手"（DIY）商店，颇具讽刺意味的是，还有三家合法的哈希咖啡馆。

于是，我通过"脸书"（Facebook）找到了尼尔斯，给他发了一封邮件，要求为写这本书的目的而采访他。几小时之后他就回复了。我很快就意识到，他昔日的派头丝毫未减。"来见我吧，我会告诉你这个城市里的真实的哈希故事。"他许诺说。

去阿姆斯特丹见尼尔斯的这趟旅行，打开了我从未料想会存在的哈希神秘世界的另一面。自从出狱以来，至少是在公共场合，尼尔斯已经翻开了人生新的一页，用他的话说是"合法化了"。我不能确定他说的是否实话，但我知道，假如我能钻进他的脑壳儿，便可以得到一些有趣的答案。

******

尼尔斯的司机哈罗德开了一辆黑色奔驰车，到斯希普霍尔（Schiphol）机场来接我。在开往阿姆斯特丹的路上，他的话不多，除了告诉我说尼尔斯（是他自己坚持要这样做）给我预订了一套非常漂亮的房间。后来我才知道那家酒店是尼尔斯的财产。这时，哈罗德的手机响了。他用荷兰语简要地跟对方说了几句，便一言不发地把手机递给了我。

"欢迎来到阿姆斯特丹！"电话里无疑是尼尔斯的嘶哑嗓音。他吩咐我先入住酒店，放下行李，然后哈罗德会开车送我去他的办公室。听起来像是一个合理的安排。

一小时后，我登上了我所见过的最豪华的运河船。它的外表看上去并不起眼，藏在一条狭窄的水道里，不远就是阿姆斯特丹最繁华的旅游区之一。尼尔斯已年过七十，装扮的还是像过去的那副德行，戴着金手链，穿着淡棕色双排扣西装，活像是电影《疤面煞星》（Scarface）里的一名匪徒。

与大多数罪犯不同，尼尔斯轻松地跟我闲聊，隐约听起来甚至有兴趣了解这些年来我的著书生涯。我颇为尴尬，因为我记不清我们初次见面时谈过些什么了，于是我等他先说。

尼尔斯说："你的运气不错。搁在二十多年前，我不会同意跟任何人谈论哈希的事。我把它掩盖起来，因为我知道警方在密切注意我的行踪。"

尼尔斯承认，直到他最近一次被监禁，他一直是荷兰的"主要哈希商人"。"那时候没有人可以碰我，或者说是我自己这么认为吧。我掌控着严丝合缝的主要的摩洛哥走私路线。我估计，在一段时间里，我控制了60%的来自北非的哈希。我拥有供应渠道，摩洛哥黑帮必须为我的运输专业知识付钱。"

"那是什么意思呢？"我问。

"那意思就是说，我经营着鹿特丹港口，保障所有货物通行。我组织行贿，官员们只跟我打交道。这给走私集团提供了一种安全感，因为他们都怕在港口被抓获。我成为腐败官员与犯罪集团之间的缓冲器。这个利润远远高于筹办走私团队，且不必说走私还必须找到自己的产品经销商。"

我开始悟出了尼尔斯对哈希走私者和黑社会来说的独特作用。"这有点像是电影制片人，"尼尔斯点燃了一根粗大的古巴雪茄，解释说，"我不只是对一部电影感兴趣。我要同时生产十几部，那就是我在哈希交易中的角色。几乎每一批进出荷兰的哈希货运，我都从中获得一大块利润。在我被捕之前，有一段时间我每个星期挣的钱都超过25万欧元。"

"那么多的金钱滚滚而来，我都不知道该怎么打发它。然而，我从来没有一次接触过哈希本身。这是个绝妙的交易，风险最小而收益很棒。我通过在荷兰和西班牙购买许多房地产洗钱。我在阿姆斯特丹经营了三个亏本的夜总会，甚至还投资了一些垃圾企业，只是为了能够赔掉一些钱，免得税务部门和警察盯得我太紧。"

尼尔斯停顿了片刻，拉开办公桌的一只抽屉，从中掏出了一张剪报，在我的面前将它展平。"看见了吗？我甚至出资兴建了一所孤儿院。他们想用我的名字命名，但我知道，那样做可能造成反弹，所以我就谢绝了，不具名地捐了款。报上的这篇文章谈及一个秘密捐助人，但除了学校之外没人知道是我捐助的。"

接着，尼尔斯承认他自己也是个孤儿。"我能体会那些没有家的孩子的感受，因为我也是他们当中的一个。假如我曾经有一个正常的童年，也许我就不会从事任何犯罪活动了，是吧？"

尼尔斯说话经常游离主题。所以我需要稍稍地将他引回到哈希上来。

"为什么做哈希？哦，大约十八岁时我遇见了一名女子，她的丈夫在阿姆斯特丹经营哈希。那是1950年代末，大麻不大为人所知。大多数人将毒品当成是魔鬼的糖果。但我注意到，那个女子的丈夫有一群中坚客户，他们不断地要求购买更多的哈希。那时的哈希来自黎巴嫩和阿富汗，但市面上往往都见不到，有时候，全城连续好几个月断货。"

"我看得出来，那些抽哈希的人需要有源源不断的供货。有市场需求的一种产品不能随时有货，这不合乎道理。于是，我让这家伙把我介绍给他的供应商，基地设在鹿特丹的一个阿拉伯人。他告诉我，只要有足够的货源，一个星期的七天里他都可以卖得掉哈希。"

几个月之内，尼尔斯就招聘了十几个商船船员，让他们从黎巴嫩和阿富汗的旅途带回哈希，他答应付给他们丰厚的报酬。"说实话，我才不在乎哈希来自何方，只要能拿到足够多的货就行。"

可是，尼尔斯说，事情并不像他想象得那么容易。"跟那些海员和街头商贩打交道是件麻烦透顶的事。我起初是将哈希藏在水果之类的货物下面，但有一些会丢失。贿赂这里的港口官员的费用也越来越高。我便开始琢磨，是不是值得费这么大的劲。就在那时，我悟出来了，最好是自己退到幕后，让其他人去干脏活儿。"

从那时起，在1970年代初期，尼尔斯将他的哈希关系转变成以荷兰为基地的犯罪网络，专门在幕后运作，以确保哈希货运安全地通过鹿特丹港。"我基本上能够保证让任何黑帮的哈希货运在这里通过海关，然后批发到欧洲的其他国家。没有我的影响力，哈希货便不会安全地经过荷兰。起初，有几个白痴妄想绕过我，但他们最后都栽了，不得不又来求助于我。"

尼尔斯声称，在后来的三十年里，他一直安全地待在幕后，暗中牵引着所有进出荷兰的哈希货运。

不过，即使是所谓完美的犯罪企业，也会碰到一些麻烦。尼尔斯解释说："你从这桩生意中赚得很多，有些人觉得自己很厉害，便试图甩掉像我这样的中间人。他们是些恶霸，我遇到过好几个。他们来到这儿，拿枪口对着我，但我对他们的回答始终如一。没有其他人可以控制口岸及其他入境点的官员。你不可能在一夜之间设置起这类的运营。它需要多年培植的关系。"

"我告诉一个白痴，有本事就试着自己干吧。如果他成功了我会把我的生意送给他。好，你能猜到发生了什么，是吧？不出几个月他就被逮捕了，蹲进了监狱，因为他开始公开向港口的人行贿，立即有人报告了警察，警察就来找他了。"

但是，我想知道，尼尔斯自己怎么会被抓了呢？

第十章 "白手套"尼尔斯

"哦，那对我而言只是一次坏运气。我跟一名犯罪分子发生了纠纷，他声称过鹿特丹港时我的人偷了他的哈希。这个笨蛋被他自己的部下打劫了却蒙在鼓里，非要认定是我的人偷了他的货，他开始在阿姆斯特丹到处散布谣言。警察听到后，对我监视了好几个月。"

"我知道警察在监视我，我想他们没抓到我的什么把柄。可我没有料到，这个混蛋被抓了，并同意指证我来换取从轻发落。最后，警方拍摄到三个罪犯到我的办公室来开会的录像，然后结合这家伙的证词，我就被捕了。那仍然是个证据不足的案子，但警察决心要挖出什么要案来。"

起初，尼尔斯继续在监狱里遥控他的哈希帝国，但是他认识的一个腐败的政府官员向他通风报信，告诉他警察正在针对他建立一个大得多的案子。"就在那时，我便决定急流勇退了。我太老了，没法再去坐牢了。"

尼尔斯现在仍然"涉足"哈希游戏，但他深信，只要保持低调，警方就不会打扰他。很难想象，像他那样一度大权在握的人，能够退出这种利润丰厚的行当。

那么，如今他大部分的钱是怎么挣来的呢？

"酒店、公寓大楼、房子。我有很多物业让我奔忙。我不再需要更多的哈希生意，它也不需要我了。"

那么，是谁接管了他的生意呢？

尼尔斯犹豫了片刻。他深深地叹了一口气，又沉默了一阵。

"我为什么洗手不干了，有另一个、而且是更重要的理由。我的一个最好的朋友中枪，死在我的一家酒店的接待区。那真是可耻的怯懦行为！某些人试图给我发送一条非常恶心的信息，它达到了目的。我意识到，我玩这个游戏是太老啦。"

"我跟家人和朋友商量，决定好好享受我的余生，不再让这类威胁笼罩在我的头上。在毒品生意场上，唯一幸存者就是那种明智的人，后退一步，保全性命，急流勇退，见好即收。草率行事总是以失败和丧命而告终。我采取的一个最聪明的举措就是及时抽身。我只是但愿它不要到最后再来纠缠我。"

那天晚上，在我下榻的尼尔斯拥有的高档酒店里，我和他共进晚餐。我们没有再涉及哈希的话题。他已经讲了他的故事，他允许我进入了他的世界，进一步谈论不会有更多的益处。相反，他谈到，很遗憾自己从未结婚；还有，假使他在成长过程中有更好的机会，他可能会以合法的手段获得财富，而不是通过犯罪。我对他说的每一句话都深信不疑。

第四部分

哈希在英国

在英国,经常抽哈希烟的人口有两百万。据非官方统计预测,在未来二十年内,这个数字将翻上一番。

西方士兵正在原产地盘问大麻种植者

用一名执法官员的话说,英国的哈希市场是"很热闹"的。此话至少可以说是轻描淡写。英国有它自身的哈希流行病,哈希价格保持坚挺,这吸引了越来越多的投机黑帮。

早在2007年夏天,埃塞克斯郡(Essex)的一帮恶棍试图走私大量的大麻到英国,以满足从约翰奥格罗茨(John O' Groats)到兰兹角(Land's End)一带的市场需求。他们将价值1100万英镑、约4吨重的两批哈希藏在装黄瓜的箱子里。严重有组织犯罪局(Serious Organised Crime Agency)通过卧底行动,从西班牙到英国一路跟踪这些货物。结果,这个十二人黑帮的走私行动被挫败了,其成员最终被判一共六十六年监禁。

大约在同一时间,伦敦南区的警方发现了一个阿姆斯特丹风格的哈希吸食巢穴,它设立在最受欢迎的斯特里特姆(Streatham)餐厅里,每星期吸引数以百计的客户。人们可以从柜台上买到哈希,然后到一个舒适的地下休息室去享用。警方稍后透露说,他们发现了部分包装的毒品和美味的小吃点心存放在一起,等待出售。

在袭击那个巢穴的几天前,警方还在二十四小时之内拆除了设立在纽卡斯尔（Newcastle）的不同地点的三个大麻农场，一共缉获了五千五百多株大麻植物。当地报纸搜集的信息表明，距大麻农场不足两公里之外，即是纽卡斯尔的居民住宅区。

******

  为写作本书，我需要发掘英国的哈希黑社会的真相，解开哈希贸易在英国运行的奥秘。然而，事情并不那么顺利。我在酒吧、高速公路服务站和偏僻的停车场等地秘密会见了各类人等，可是，初步接触的人当中很多是中间人，他们坚持要更多地了解本书的研究内容，然后才能帮助我跟真正涉及哈希的人物接上头。而且，继采访了西班牙南部的英籍哈希大亨之后，我在英国见到的一些黑道人物没能给我提供更多的有价值的信息，于是，我就耐心地等待机会。

  然后有一天，我在伦敦北区的卡姆登（Camden）遇到了一个狡猾的家伙，名叫本尼，他说他会帮我联系，保证能给我介绍一个人，可以提供关于哈希游戏的一个截然不同的视角。"这只鸟会让你大吃一惊，伙计。她对这一行了如指掌。"

  我就是这样联系上了蒂娜，她大概是我在哈希秘密黑社会里见过的最令人意想不到的一个成员。

第十一章
女飞行员蒂娜

蒂娜（Tina）是秘密哈希生意圈里所谓的"活传奇"。她是来自萨福克（Suffolk）的一名轻型飞机驾驶员，在过去的二十五年里，她驾机运送了价值数千万英镑的摩洛哥哈希，从欧洲北部进入英国。蒂娜说，在这个男性主宰的环境中，女人的身份给了她很大的优势。"恶人也都是些典型的家伙。他们自认为是猛男、硬汉和强人，所以当他们遇到一个女人时，只是把她当作一只花瓶。"

就蒂娜来说，她与"花瓶"相去甚远。

蒂娜的家庭背景也出乎人的意料。她上的是收费的私立学校；她的父亲是该校的校长，她的母亲"是你所能遇到的最循规蹈矩、最举止得体的一个人"。蒂娜坦白说，她从小接受的是典型的英格兰中产阶级的教育。"那是一种乏味的然而安适的生活，我父母希望我长大之后去同样舒适安全的地方，比如到银行去工作或是当一名律师。"

然而，对蒂娜的童年影响最大的是她的祖父。"'二战'时期他是一名飞行员。多么不平凡的角色！我认为我继承了他的鲁莽基因。他无所畏惧。他在法国被击落、被俘，然后从战俘营逃了出来。我最爱听他讲关于那场大战的故事。他似乎比我家里的其他人要有趣得多。"

蒂娜讨厌学校,这令她的学究式的父亲非常失望。"有点假小子吧。我对女孩子气的东西就是不感兴趣。我甚至不想穿愚蠢的带褶的裙子,那是我们校服的一部分。我在课堂上的表现总是一团糟,可我却很擅长体育,所以他们从来也没有真的把我从学校赶出去。但对于我那可怜的老爸来说,我肯定是一直让他很丢脸。"

蒂娜声称,从十五岁开始,她就经常非法开车。"每当我爸在学校上班,我就'借用'他的旧罗孚车,私自在我家附近的田野里开。后来,随着我信心的增加,我便未经父母许可把车开到公路上去。我很喜欢掌控那辆车的感觉,我丝毫不害怕驾驶。"

当十八岁的蒂娜以劣等成绩离开了高中时,她十分清楚自己想从事什么职业。"我决心要像我的祖父那样,当一名飞行员。他那时已经过世了,可我感觉他的精神还活着,在敦促我这样去做。我的父母听说我的计划后深感震惊,他们讥笑我,但我根本不在乎。"

蒂娜进一步无视父母的反对,先在当地的一家超市里找了份工作,将"几乎每一分钱"都积攒起来,以便支付飞行课程的学费。"我的父母断然拒绝为我付飞行课的学费。他们说那纯粹是浪费时间。但最终,我爸认识到我是铁了心要那么做,算他的功劳吧,在我过生日时他给了我一些钱,加上我自己的积蓄,我便有了足够的钱去预订二十堂飞行课,那是在伊普斯维奇(Ipswich),我们家附近的一个地方机场。"

两年之内,蒂娜就成了一名完全合格的飞行员。她挣得了一份微薄的薪水,为当地农民的农作物喷洒农药;当小飞机业主需要将飞机从其他机场运来时,她提供接送服务。她的另一项副业是帮助人们从法国、荷兰和比利时运送新飞机。

"我干飞行谋生，这是梦想成真。但是，我挣的钱很少，几乎都付不起单人房间的租金。最初的兴奋劲儿减退之后，我甚至都不觉得它非常具有挑战性了。"

然后有一天，她二十几岁时，蒂娜同意到荷兰去为萨福克的一名商人接一架飞机。"上帝，那时我是天真啊！"她感叹道，"这家伙事先就付了现金，要我把飞机开回萨福克。我当初什么也没多想。我坐渡轮到荷兰，在酒店里过了一夜，第二天一大早就去了机场。"

她继续说："机场的海关人员最初对我的确是很怀疑，但我想那主要是由于我是个女飞行员，当时没有多少女性干这行。我没有什么可隐瞒的，便告诉海关我要驾机回英国。他们检查了我的护照和飞行计划，我就出发了。"

当她飞越海峡时，蒂娜接到萨福克商人发来的无线电消息，要求她将飞机降落在距萨福克郡界不到10公里的一块田野中，在那里接他，因为他迫不及待地想见到他的新飞机。"我的文件明确注明，我应当飞到伊普斯维奇附近的机场，但由于他向我保证最终我仍然会去那里降落，我便同意去接他。"

在她描绘的"有点惊险的着陆"之后，蒂娜看见她的客户与三个身材高大的男人等在一辆汽车旁。"他们都显得很有魅力，可我开始疑惑发生了什么事。那个商人把我拽到一边，说有'奖金'要付给我。与此同时，他的三个同伙径自走到飞机那里去了。"

蒂娜注意到他们在拧飞机内嵌板上的螺丝。她问发生了什么事，她的客户笑了起来，又添了100英镑给她。"我仍然不大明白是怎么回事。"然后，她看见他们取出一些紧裹在保鲜纸里的棕色砖块。"很奇怪，我当时并没有被激怒，而是接受了'奖金'，不再理会那三个男人在干什么。那个商人从未提及那些包里是什么东西，但他表现得对什么都一笑了之，以致我都忘了追问他。"

"十分钟之后我又起飞了，那个客户坐在我的旁边，我们飞到了伊普斯维奇附近的正式降落目的地。那里的海关官员呢，自然是稀里糊涂，什么异常情况也没发现。"

蒂娜后来才知道，她的那个客户是该地区最大的毒枭之一。几个月之后，蒂娜不仅成了他的情人，而且认定了走私的事业在召唤着她。"一切都是那么简单，金钱来自这个世界。如果要实话实说，那就是，我特别喜欢那种明知故犯、逃脱法网的刺激。可笑的是，我一生中从没吸过毒，但我猜想，每当我完成一次走私飞行，那种飘飘然的感觉，跟人们从吸可卡因或优质哈希得到的体验大概是类似的吧。"

蒂娜和她的毒品大亨情人的关系持续了五年，在那段时间里，她仅为他的帮派组织当飞行员。但当他拒绝离开他的妻子，以致他们两人分手之后，蒂娜决定最好是将她的空运服务提供给出价最高者。"从某种意义上说，我很幸运，因为当我把我的计划告诉他时，他祝我一切顺利。我很可以将他的所有行径报告给警方，但我竟然从来没有动过这个念头。"

那个时候，作为一名值得信赖的飞行员，蒂娜的声誉在英格兰东南部的犯罪圈里已是人所共知，对她提供的服务很快就有很大的需求。"他们都知道我一直在为那个男人工作。我被看作是一个半体面的飞行员和一个有信誉的人。"

蒂娜承认，她一直遵照"不必知情的基本原则"来工作。"我真的不在乎走私包中是什么。我就是一个开飞机的，仅此而已。这样办事容易得多。我想，我也是在逃避自己参与犯罪的责任，现在回想起来，完全是一种回避现实的借口。我觉得自己能够永远回避，真是愚蠢啊。"

不过，关于走私活动，蒂娜有一条金科玉律。"我始终坚持只做哈希货运。我的那个情人说服了我，做哈希的风险低得多，判刑也宽松得多。"

2007年底，蒂娜空运了一批哈希。根据指示，她要将货物空投到埃塞克斯郡境内与萨福克郡交界处的一块玉米地里。"我需要做的就是释放操作杆，将两个大箱子空投到地面去。"但是，作为一种预防性的安全措施，蒂娜并不是直接飞到那片玉米地的上空，而是从远处向空投点俯冲。突然间，她发现有两辆白色的"路虎"隐藏在树林里的一片灌木丛中。

"我脑子里立即敲响了警钟。"蒂娜将飞机猛拉起来，不等地面上的人意识到她是要做空投，便冲到了高空。"我估计他们是警察，便用无线电联络黑帮客户，但是没人接应，我就更加担忧了。飞机上装载着毒品，燃料快要用尽。我到底该怎么办呢？"

最后，蒂娜将飞机降落在了约50公里以外的另一块偏僻的田野里，接着便迅速地卸下箱子。"它们好像比我以前运过的哈希包要轻得多，于是我就扯开了一包，往里面一看，啊，是可卡因！如果警察抓到我，我很可能要至少蹲十年监狱。为这趟货他们只付了我3000英镑。我当时非常愤怒。"

蒂娜将箱子藏在一座破旧的谷仓旁边。"我打电话给委托我这份差事的那个混蛋，说由于可卡因所担的风险和差点中了警察埋伏的事件，我要一万英镑，否则我不会告诉他可卡因藏在什么地方。他开始恫吓我，但我知道他不会把我怎么样，因为可卡因是他更想要的。他按捺住脾气，我便安排了跟他会面，拿了他付的钱，然后告诉了他去哪里找他的可卡因。"

蒂娜说："那是一个关键的转折点。从此，我决定掌控自己的命运。难道我真的是那么蠢吗？那么长的时间里我一直想，由于不知道运的是什么货,我参与走私活动就会以某种方式被看作是无辜的。那完全是自欺欺人的胡扯,我终于悟出了这一点。"

"我跟所有让我运过货的恶棍联系,毫不含糊地正告他们,我永远不会再为他们运货,除非他们向我保证是哈希,而不是可卡因。出乎意料的是,他们对此都表示理解,并说我会有大量的工作机会,因为无论在什么情况下,他们自己也是更愿意做哈希的。"

蒂娜也很清楚这一行中存在的危险。她谈及谋杀、侥幸脱险,以及偷渡团伙背后的黑帮集团,她如何在这当中幸存下来等等,并且再次强调说,她这辈子从来不抽哈希烟,而且永远也不打算尝试。

"我最大的遗憾就是,瞧瞧我现在,五十三岁了,还是单身,从未结婚,永远不会有自己的家庭。我从这个令人刺激的职业中获得了财富,却忘记了还有一个正常的世界存在。"

现在,蒂娜在欧洲和英国之间,为设在英格兰东南部的三个不同的哈希毒枭运货,一年中"差不多六七次"。"不是像过去那么忙了。我觉得,坚持每年只飞少数几趟,减少了风险。说实话,我不像过去那样觉得'亢奋'了,每次将货物空投到某块田野里之后,能够体肤完整地回到家,我只是感到一种解脱。"

蒂娜相信,她的活动长久以来已经被大西洋两岸的当局作了标记。"自'9·11'以来,像我这样的飞行员都受到有关当局的定期监察。"她声称,几年前,美国药物管理局的两名官员曾经去找过她。

"一天下午,两个美国佬出现在我的住处,说他们需要了解我在前两年为之工作的几个人物的情况。他们并不掌握于我不利的任何证据,但他们基于认为我是一个薄弱环节,是在男性占主导的世界中的女人,希望我能协助他们。那令我非常气愤,我直截了当地拒绝了他们的要求。事情很快就清楚了，他们没有任何证据来'冤枉'我。他们不过是在引鱼上钩。"

直到现在，蒂娜仍然深信，缉毒部门之所以轻易地放过她，仅是由于美国对打击恐怖主义的优先考虑。"一旦意识到我不是一名恐怖分子，他们似乎就撤了，即使他们是一个反毒品机构。这就是哈希走私的有利之处。如果我卷入了进口可卡因或武器，那他们就会对我毫不留情了。"

蒂娜把我带到了一个被遗弃的着陆带，在萨福克海岸的内陆，离伊普斯维奇有一小时车程。那里十分荒凉，人烟稀少。野地四周的白桦树沙沙作响，被强风吹弯了腰。蒂娜捡起一根小树枝，一边在地上画着图，一边向我解释，走私集团当时是怎样从当地的一个农民手里转租到这块地方，来用做着陆带的。

接着，她带我穿过橡树林、月桂树丛和密布的荆棘，走到了那片荒地的尽头。在树丛的后面，我看见一架塞斯纳双引擎飞机的扭曲残骸，皱巴巴地躺在一座被烧毁的谷仓旁。"我们一直不知道这个可怜的混蛋坠毁的原因。我想，可能是另一伙黑帮觉得他太贪婪，于是暗地破坏了飞机的起落架吧。"蒂娜解释说。

就在这时，一位农夫开着拖拉机出现在我们附近的田里。蒂娜说："咱们该走了，农民挺恨我们的。不过，当我们提出给他们钱时，他们倒也乐意收下。"

第十二章
当"骡子"的简护士

多年来,除了毒枭、走私犯和各级经销商,还有一小支"兼职"队伍出没于哈希的秘密黑社会,这些人通常为此付出了最终的代价。他们就是所谓的"骡子"——往往由于生活所迫,便冒着危及自己生命健康的风险,去挣上几千英镑,假如他们幸运的话。

哪里有充足、廉价的哈希货源,哪里就有"骡子"准备铤而走险,置自己的生命和自由于不顾。这些人将紧裹在塑料薄膜里的"哈希蛋"吞咽到胃里,用自己的身体来走私。全世界每年都有数十头这样的"骡子"被逮捕,或是命丧黄泉。

这些所谓的"蛋",通常是约重5克的哈希丸。大多数的"骡子"一次可吞下五十枚左右。其中许多人是被人口贩子或其他犯罪分子胁迫而为;也有一些是学生,他们希望回家转售后可获得一笔外快。此外,极少数坚定的毒品走私犯似乎也愿意承担这种风险。

2012年,一个名叫爱德华·米亚特(Edward Myatt)的"骡子",五十四岁,来自澳大利亚维多利亚省的巴拉瑞特(Ballarat),当他乘坐印度的一次航班抵达巴厘岛赖莱机场后,引起了海关人员的怀疑,被截住进行审查。结果发现他吞下了七十多枚塑料包装的"蛋"——总共是1.1公斤的哈希和4克"甲基安非他明"（methamphetamine），又称"冰毒"。

米亚特被捕后得知，根据印度尼西亚严苛的禁毒法律，他面临被判死刑的可能。最后他还算命大，仅被判了八年监刑并缴纳十五亿印尼卢比的罚款。

因而，当有人介绍我认识了一个当"骡子"的英国女人时，我便估计她的经历可以提供一个崭新的角度，帮助我们进一步地了解哈希的秘密黑社会。

******

简是英国的一名护士，她第一次当"骡子"时是个身无分文的十八岁学生，住在丹吉尔，没有足够的钱买票回伯明翰的家。因此，她吞下了三十枚哈希丸，将它们运到英国，从而换得了2000英镑。

如今，简已经三十多岁了，由于要养家糊口，绝望之际她重操旧业，当上了"骡子"专业户。自2010年11月以来，简已三次回到摩洛哥丹吉尔的情人那里，去当"骡子"走私哈希。她说："我不能完全解释，为什么我要让自己回头去吃这碗饭，但我猜是多种因素的组合吧。我的丈夫失业了，我当护士的工资不够养活全家；还有，如果要我完全实话实说，那就是，我也很愿意逃避现实生活中的苦差，去会我的情人，干一些令人刺激的事。"

简向我透露了哈希行业里最危险的一面。她的故事既凄婉又引人入胜。

"我第一次去摩洛哥时是一名学生，在1990年代末。那似乎是一个奇妙的地方，当跟我同行的两名女友决定回家时，我选择继续留在拉巴特（Rabat）。我被我们住的旅店里的一个摩洛哥侍者搞得神魂颠倒。那是一个经典的故事；他把我当作走私哈希的工具，我把他看成是我一生中的最爱。"

"总之是这样的，我和他的关系开始大约一个月之后，我告诉他，我不得不回英国去，但是我没钱了。我需要找一份工作，开始生活的下一步。他怒不可遏地指责我打算抛弃他，我们大吵了一架，我愤然离开，冲进了夜幕。"

"他追过来，我们和解了，他告诉我如何就能轻易地赚到2000英镑。那就是当'骡子'走私哈希，我既可以有钱回家，还能有一些剩余。当他第一次对我说这个，我感到万分震惊。什么人居然能够吞下所有这些丸子，然后还有胆量通过机场海关？听起来很可怕。而且，还要上厕所将那些药丸弄出来，想想更是让人恶心。"

"但是，我的男朋友答应我，如果我这样做了，不仅能拿到钱，他还会离开摩洛哥，同我一起回老家伯明翰去，我们可以一起建立家庭，从此过上幸福的生活。实际上那全是陈词滥调，一派胡言！"

"每当回想起当时发生的事，我都不敢相信我是多么容易上当受骗。好比是只要他用深棕色的眼睛望着我，我的心就会被融化。我甚至说服自己，他让我干那种事，完全是为了我们两个人的未来！所以，我同意吞下了三十丸哈希。我的航班从摩洛哥飞到英国，着陆几个小时之后，我去了伯明翰市中心斗牛场附近的一家咖啡馆，把它们交给了一个人。"

"吞咽过程本身就是很恐怖的。放进嘴里，每吞下一丸，我都感觉想呕吐。但是，我的情人站在一旁，催促我接着做。吞完之后我就拿起行李，独自去了机场。他告诉我这样做更安全，我相信了他。我从未质疑过他说过的任何一句话。"

简回顾说，那次旅行十分顺利，她拿到了2000英镑。可是，她的摩洛哥情人变了卦，并没有到伯明翰来跟她一起建立家庭。"他的决定令我心碎。当他要我回摩洛哥去，再当一回'骡子'时，我才明白他是在利用我。我对他说滚蛋吧，我们的关系就此完结了。"

简说，她将那次当"骡子"的短暂经历尘封起来，当上了一名护士，嫁给了她在学校认识的一个男人，和他生育了两个孩子。"十多年中，我对摩洛哥几乎没有产生过一丝闪念，我把那次的经历完全抛在了脑后。我从来没有对我的丈夫提起那件事。那已经是过去的事了，他是个简单率真的家伙，如果让他知道，他肯定会被吓坏了。"

然而后来，简跟她最好的五个朋友一起参加"婚前单身派对"①，又一次去摩洛哥旅游。"我仿佛是一个过度兴奋的孩子，重游故地。它唤起了全部的感觉——摩洛哥的那个家伙，以及我十几岁时经历的所有令人刺激的事。甚至回想起当'骡子'的事儿，我也觉得是那么好玩儿。"

她们待在卡萨布兰卡（Casablanca）的三个晚上，比任何人事先想象的都更加喧闹放荡。"第一天晚上，我的两个女朋友就勾搭上了年轻的摩洛哥男人，出去找乐子了，我还真挺嫉妒的呢，也想给自己找一个。于是，第二天晚上，在当地的夜总会里，我认定自己被一个漂亮的摩洛哥小伙子相中了，他看起来大约二十岁。我的举止完全就像是个按捺不住的女学生，甚至连我的女友们都不禁张口结舌：在见到这个男孩的五分钟之内我就开始跟他接吻了。"

简继续说："我完全把我的丈夫和孩子们忘到了九霄云外。我

---

① 原文为"chick party"，又称"hen night"，指准新娘跟女友们在一起的狂欢聚会。它象征着在告别独身生活、套上"婚姻枷锁"的前夕，可以最后一次随心所欲地放荡胡为。

打定主意，那天晚上要彻底地寻欢作乐。最后，我和这个小伙子上了床。那是自多年前在摩洛哥经历了那段感情以来，最美妙的一次做爱。第二天早晨，我便开始严肃地思索，这一切是不是命运的安排呢？也许当初我就不应该离开摩洛哥？假如我跟第一个摩洛哥爱人待在一起，现在我们也许会有一个美满的家庭，我可能会过上比在伯明翰好得多的生活。"

"我猜我整个儿是昏了头。我被盲目的感情席卷了，跟多年前没有两样。我的女友们一直试图让我恢复理智，但我真的是只见树木不见森林。我觉得自己又一次坠入了爱河。我不想回到伯明翰去过那种苦不堪言的日子。"

接下来发生的事既令人寒心，也是预料之中的。然而，它未能阻止简再次落入同样的陷阱。"我告诉了这家伙关于我在英国的家庭，我的丈夫失了业，我们在经济上苦苦挣扎，等等。像他那么年轻的一个人，对我的话居然非常能够感同身受。紧接着，他便提到了他的一个表兄怎么往欧洲走私哈希。我亢奋地竖起了耳朵。从前的那些记忆全都复苏了。他甚至还没开口，我就完全知道他要说什么。"

"婚前单身派对"结束了，起程回伯明翰的那天早上，简险些误了飞机。"前一晚我跟那个小伙子一起过夜，然后花了很长的时间吞下所有的药丸。结果，在飞机起飞前大概十分钟我才赶到机场。但有趣的是，这回我不是那么害怕了。以前经历过，没有问题，所以我心里有数。"

吞咽五十个哈希丸是什么感觉呢？简形容说，就像是吞咽砂纸。"首先要抑制住自己的反射性呕吐。不过，我很快就想起来了应该怎么做，令人吃惊的是，它们全都被轻松地吞下去了。"

"坐在去机场的出租车里，我没有太多的异样感觉，就像是吃了一顿大餐之后，肚子很饱而已。不过，我喝了很多水，所以一直想上厕所，那是挺讨厌的。"

在飞机上，她坐在一个女友的旁边。简承认，她当时产生了一股强烈的罪过感。"她们只当我是享受了一次美好的性事，几乎错过了起飞的时间。我却感觉很不好，因为那个准备结婚的女孩支付了我们所有人的机票，所以，如果我被抓到走私哈希，可能会给她带来麻烦。"

但飞回去什么事也没发生。简——用她自己的话说——"跳着华尔兹通过了英国海关，仿佛天底下没有任何事情我会在乎"。

随后，她去了伯明翰市中心的一家酒店，在为她预订的房间里待了两个小时，等那些丸子排出来。"我用一只塑料袋当手套，把它们从马桶里捞出来，扔进浴缸。然后我把它们洗干净了，数了一下，它们全部都在，没有一个破的。就在那一刻，我感到很害怕，我干的这事儿风险极大。"

"我把装满了哈希丸的袋子交给了那个家伙，他坚称自己是在卡萨布兰卡跟我上床的那个人的表兄。他交给我一个信封，里面装了3000英镑，并且说，他把他的手机号写在信封上了，如果我想再跑一趟时就给他打电话。"

"更重要的是，他说卡萨布兰卡的小伙子急切地想见我。我的心顿时酥软了，我就又上钩了。我真的不在乎他是个骗子。我怀念不久前的那种令人销魂的时光，我渴望更多地拥有他，当然，还有更多的钞票，以便可以支撑我的家庭。"

此后，简又回去了两次，看望她的年轻恋人，同时当"骡子"走私哈希。但她说，对于是否再去摩洛哥，她开始感到十分犹豫。她觉得那个"小伙子"对她没有什么热度了。她解释说："上次回去当'骡子'，他和我在一起的时候似乎更加冷淡，更像是在做交易,我们睡在一起,他仿佛只是在完成一些动作。不过,这也许是一件好事吧,因为我心里很清楚,在现实中,我是绝对不可能为一个摩洛哥男妓而抛弃我的丈夫和孩子们的。"

然而,简承认,放弃做"骡子"可能并不像她希望的那么容易。"我每天都接到那个摩洛哥人的电话,他在伯明翰的表兄也不断地给我打电话。那孩子说他爱我,想让我去看他,但他可能是在撒谎。他的表兄听上去更像是在威胁我,他说:'你必须去见他,并且给我带回更多的哈希。'我不喜欢他说话的口气,可我又能怎么办呢?我有点害怕,这个人可能会将这件事告诉我的丈夫,那将令他伤心透顶。我不能这样对待他和孩子们。他们不应当遭受这种打击。"

但是,简也很清楚,假如她屈服于压力,再当一回"骡子"的话,可能会发生什么后果。"我是一个现实主义者,我觉得,总有一天,那些丸子当中会有一个在我的身体里破裂,或者是,摩洛哥黑帮里有人向海关告发我。我知道他们经常这么对'骡子'下毒手,目的是转移海关的注意力,以便他们趁机从事其他的犯罪活动。"

"假如一只哈希丸在我身体里破裂,也许会要了我的命。假如我被抓了呢,我就会蹲进监狱。所以,无论如何,我都会失去我的家人,而且在这个过程中把他们也都给毁了。我知道,最好的做法就是拒绝再去。"她踌躇了片刻,"可是,我又想到他。他的微笑,他的身体。这是很难抗拒的,当你的生活中有个'小家伙'让你期待。"

与此同时,简的丈夫患上了严重的抑郁症。我们又见面时,她透露说,他爬上了当地一家购物商城的停车场的屋顶,要往下跳,人们不得不把他哄劝下来。自从我们第一次会面以来,简似乎对一切事情的态度都变得比较强硬了:"他知道我的生活中有别人,那简直是像在要他的命。我不知道该怎么办。我不能告诉他真相,但我明白应当同他分手,采取尽可能不伤害孩子们的方式。可是,我们又无法分开,因为分开的家用开支太大了。这是一个可怕的现状,完全是我的错。"

简承认,她经常感到一种冲动,想打电话给卡萨布兰卡的情人或他的表兄。"我明白,我只是在寻找一条逃避自身责任的路。我深知自己是一个怯懦的人,但最糟糕的是,在我内心深处,我担心自己也许最终会因此而丧命,或是栽进监狱,如果我同意再当一回'骡子'的话。"

说到这里,简瞟了一眼她的手表。"糟糕,我要迟到了,得去学校接孩子们了。还是得回到现实啊,对吧?"

第十三章
上层客户经销商米基

伦敦东区人米基（Micky），二十九岁，过去做过可卡因交易，但最后他自己吸的比他卖的还多，打破了毒品交易的黄金定律——"别让自个儿的货把自个儿搞晕。"现在他改做哈希了，因为钱好挣，被判长期徒刑的风险不那么大。

他解释说："我不得不停止做可卡因，因为我真的吸上了瘾。偶尔吸一点是挺不错的，但过了一段时间后，那白色的玩意儿就影响了脑子。我便干出蠢事来，铤而走险。我知道是该转行的时候了，改做不那么厉害的东西吧。感谢他妈的上帝，我醒悟得还不算太晚。"

米基的经营地点设在与伦敦金丝雀码头（Canary Wharf）一条街之隔的一栋高档公寓里，位于繁华的多克兰区，是大部分银行家们工作和娱乐的所在。"玩这个游戏，这里是绝佳场所。那些人中大多数工作压力很大，他们喜欢在一天紧张的工作之余放松一下，于是我就成了为他们提供服务的人。跟有钱的混球们打交道总是比跟绝望的穷光蛋要好。这里的人尊敬我，而且他们的举止总是很有教养。有些人甚至偶尔还请我喝酒，因为他们喜欢把我当成是他们的朋友。但是，首先和最重要的是：我是他们的经销商。我真的不想让他们忘记这一点。"

将我介绍给米基的人，是我认识的一个旧日的恶棍，名叫泰迪（Teddy），虽然他已年近八旬，却仍然时不时地吸毒，包括所有传统的娱乐药物，如可卡因、摇头丸（MDMA）或迷幻药。当泰迪第一次跟我谈到米基时，对他是一味地好评。"他是个好小伙子，从不贪婪妄为。而且，他不怕跟你这类人交谈。"泰迪喜欢以是否具有"真正的专业能力"的标准来评判这些经销商，他无疑把米基归于有专业能力的一类。

米基本人来自伦敦东区的恶棍世家。他父亲是1960年代臭名昭著的伦敦罪犯克雷孪生兄弟（Kray Twins）的司机。他的叔叔因武装抢劫在监狱里蹲了十年。但米基总的来说是被迫做了恶棍，正如他自己所解释的。

"我在黑社会里长大，但我总是答应我的妈妈，我会避免去当恶棍，而是要在生活中做一些有益的事。她憎恨黑社会里的一切，总是想让我爸爸找一份所谓的'正常工作'，但她的愿望从未能实现。"

米基从学校毕业后的第一份工作，是在该市一家律师事务所当职员。他抱着很高的期望，想当上一名实习律师，可事情并不如他所愿。"我是个聪明的孩子，那些律师都知道。但是我犯了一个致命的错误，跟一位被告发生了性关系。她是来自埃塞克斯郡的一个精明的女人，涉嫌诈骗。尽管她最终没有被定罪，我却因为那件风流韵事被事务所开除了。实在是倒霉透顶。"

米基说，此后他通过一个表兄，做起了可卡因生意。"假如我爸爸知道我在干什么，他会把我打死，因为他十分清楚，如果我卷入了任何犯罪活动，我妈妈会怨恨他一辈子的。所以，我没告诉家里的任何人。"

但是，后来的几次险些丧命的经历，以及来自伦敦南区毒枭帮派的很多"重压"，迫使米基决定从可卡因游戏中永远地抽身了。

然而，转做哈希生意，要面临一些完全不同的复杂问题。米基解释说："哈希更难走私，其道理很显然，它的体积大，味道也很冲。我第一次做的时候，把它们储存在我住的房间里，结果，把整个公寓搞得臭气熏天，我不得不去寻找有足够通风条件的秘密场所。无论是在什么情况下，在自己的家里储存大量的哈希都是极不明智的。"

在那个密所的暗影里，米基切开了一根"9条"（俚语指9盎司的哈希块）。他一边抽着哈希烟，一边精心地将"9条"分割成小块，在一只小电子天平上称了重量之后，再将它们包在玻璃纸里。

"我卖'10s'和'20s'——基本上是十六分之一或八分之一盎司的。我有自己的客户群，我送货上门，因此没人知道我住在什么地方。你得要十分谨慎，绝不能犯傻。"

米基小心地开车穿过街道，始终保持在限制时速之内。他的手机响了起来，是一名客户打来的。他接听时不用手，以防万一因为开车打手机而被警察截住。"这是做哈希的另一个问题。一两公里之外警察就能闻得到味儿，所以我只能在车里放很少量的，而且总是紧紧地包在保鲜纸里。"

我们跨过了泰晤士河，在伦敦东南的破旧街道上穿行，米基很少到这一带来。"我的这个客户刚搬到布莱克希思（Blackheath）来，他喜欢大块的，所以我仅是为了他而跨河交货。到这儿来是很冒险的。如果你占了别人的地盘，他们会对你毫不留情。这里有很多牛仔和相当不少的印度人，我不想碰上他们当中的任何一个。"

从A2公路下到运河港口，米基最终将奥迪车驶上了一所高大的独立房屋的短车道。在价格过热的伦敦房地产市场上，那幢房子大概值200万英镑。

"坐在这儿别动，"米基说着，打开我们座位之间的扶手上的盖子，取出了一块紧紧包裹着的一盎司哈希砖，"我不会耽搁太久的。"

米基敏捷地跳了出去，顺手轻轻地关上车门。我目送着他踏上台阶，朝新近油漆的深灰色双扇门走去。

一个人打开门，给了米基一个热烈的拥抱。米基进入走廊，前门在他的身后关闭了。此时，我透过一扇大凸窗向房子里望去，注意到有一群人围坐在一张桌子前；显然，主人正在举行一场晚宴。

突然，我看见餐厅的门开了，一个男人将米基引进了屋里。接着，他向所有的宾客介绍米基。至少有十几个人，不同的年龄、体型和个头，没有一个人因见到米基而显得很惊讶。米基将紧裹的哈希砖"砰"的一下扔到桌子上，轻松地向众人微笑致意。旋即，他向派对挥手道别，转身出了门。

不到一分钟，他就发动了奥迪，向码头区开去。"真是一群下贱的笨蛋。我很讨厌客户像这样炫耀我。可卡因的一个好处就是当你给客户送货时，他们总是试图保密，因为它毕竟是一种A类毒品。而这些该死的用户，把抽哈希看成是跟喝茶一样稀松平常。"

米基透露，他的客户包括律师、电影明星和建筑商等。"这就是哈希。它跨越了旧时代的阶级鸿沟。告诉你吧，我不会供货给那些不三不四的人，因为那是自找麻烦。"

他说，他总是仔细审查人们推荐给他的潜在客户。"我绝不留任何漏洞。稍一疏忽就可能被告发，或是碰上卧底的警察，那你可就遭殃了。"

至于说到他自己的货源，米基相信一句老话："大嘴沉船"，拒绝透露任何关于哈希供货黑帮的细节。他只是说："如果我开始跟其他人信口开河，他们就会灭掉我。他们是真正的、彻头彻尾的暴徒。我们在这里虽说只是谈哈希，但这并不等于那些大佬不想要抢走我们的生意。"

谈到这里，我想起了在见米基之前，他的罪犯老友泰迪说过的话："米基跟那些大佬做事。他喜欢把自己打扮成小角色，但其实他的手伸得很长。"

泰迪的话让我怀疑真正的米基到底是个什么样的人。也许他跟我说了很多谎话，因为，正像许多罪犯那样，他既向往名望，同时又绝不能损害自己的生意。仿佛是猜透了我的心思，米基陡然说："你看到的，正是我对你说的。我不玩任何把戏，我想这是我生存的关键。"

"但是，"我问，"相比在这个行当里的其他许多人，为什么你显得那么刀枪不入呢？"

米基沉默了一会儿，车里的气氛令人感到有些尴尬。然后他深深地吸了一口气。"听着。我觉得我是聪明人之一。我知道黄油抹在面包的哪一面，我让每个人都保持好心情，因此，他们从来也没有特别为难我。如果那是令我刀枪不入的原因，那就让它继续这样吧。"他又犹豫了片刻，"或者这么说吧，我有某些后台的支持，在这个游戏中没人敢碰他们。这讲得通吗？"

我缄默地点点头。即使他说的是真话，仍然没有清楚地回答我的问题。

第十四章

佩里和戴夫：高档哈希的走私团队

与高风险、低回报的所谓业余"骡子"，诸如简护士之类的人很不同，在英国，有一些高度"专业化的人士"，他们通过走私少量高品质的哈希，供应给严格挑选和关系紧密的客户，过着富裕的生活。

乔迪（Geordie），埃塞克斯郡的最臭名昭著的罪犯之一，将我介绍给了佩里（Perry）和戴夫（Dev）。尽管乔迪并不来自英格兰东北部，他却称佩里和戴夫是"我的男孩"，这似乎意味着他们是为他工作，但是，在采访佩里和戴夫的过程中，我没有发现他们有一个老板。

佩里和戴夫都是三十多岁，人们通常会称他们是"来自埃塞克斯郡的两个可爱的家伙"。他们看上去像是一对真正的朋友，并且为两个人之间的亲密合作感到很自豪。他们过去甚至还是老同学呢。

这两个哈希经销商所玩的"游戏"，跟目前为止我见识过的非常不同。他们是这一行里所谓的"自己动手的商人"。他们从西班牙的一个特定的供应商那里购买哈希，然后由佩里当"骡子"把它们运到英国,再分发给他们的特定客户。这两个犯罪同伙有一个很小的却是经过挑选的客户群。他们保证向客户提供高质量的哈希,这在哈希生意中很不寻常,很少有经销商能够做到这一点。

佩里来自破裂的家庭,有着多种族背景。他在少年教养院中学到了哈希交易的伎俩,从此再没有浪子回头。他过去参与了一些其他形式的走私活动,后来,因为他受够了埃塞克斯犯罪圈里的大恶霸的坑骗,便决定建立这个量少而质高的哈希走私渠道。

佩里和戴夫皆因毒品犯罪坐过牢,经过了一段很长时间的摸索,佩里决定该是开始独立自主的时候了。他解释说:"我本人就很喜欢抽哈希,我认为我是测试哈希的专家,能够确保它是最高质量的。那就是为什么每个月由我来当一回'骡子'。"

佩里解释说,他每月一次,搭乘航空公司的廉价航班飞到西班牙南部。"我使用不同的机场,这样没有人会注意到我。我试图把这个旅行当成有点像短期假日。我的意思是说,不是很多人都可以在享受日光浴的同时还能赚很多钱,是吧?"

但是,佩里版本的"骡子"跟其他那些亡命之徒很不一样,他们愿意吞下潜在致命的丸粒,然后等待它们从"另一头"排出来;佩里的做法则是将紧裹的哈希砖用超强胶带绑在腰间。哈希本身包在三层玻璃纸里,以防止气味泄漏,外面再涂上护发素,就不会被嗅探犬侦探出来了。

"我认识的其他很多恶棍认为我这样做很愚蠢。但是你猜怎么着,我这样干了五年,居然还没有遇到过丝毫麻烦呢。"

佩里认为关键是要有一个令人信任的外在形象。佩里的话里充满了自信,所以,很难让人不同意他的说法。

"我就像谚语说的,镇静得像根黄瓜①,甚至连一点儿汗都不出。我有一套例行程序。到达机场之前,哈希已经绑在我的身上了。签入之后,我先给自己来瓶啤酒,安抚神经,接着去洗手间,再最后检查一遍,也就是说,确认没有什么突出来的地方。之后,我便大步朝海关走去,哈哈,顺利通过!……他们用扫描仪拍拍我,什么都探不出来,因为我把哈希包得格外紧,我在T恤下面总是加穿一件运动衫。"

佩里自豪地撩起衬衣,炫示他身上带着的正如他所描述的那样。"看见了吗?这简直妙极了。我从来就没有想过要把那玩意儿吞下去,再把它从另一头拉出来。那太危险了。我宁愿冒这种风险。无论如何,我的这种方法可以携带更多的货。"

佩里缓慢艰难地撕开缠在腰腹部的胶带。当胶带的粘面将皮肤上的汗毛揭下来的时候,听起来挺残酷的。"这是唯一的问题。揭胶带的时候真的是很痛!"

佩里最终取出了十五块整齐打包的哈希砖,摆在面前的桌子上。我随口向他打听这批货的街头价值。"每一块值2000,所以这一共值3万英镑,一旦全部卖给我们的客户的话。"

我大胆地问佩里,在西班牙买这些哈希他花了多少钱。"150英镑一块。赚得不少,是吧?"

比较沉静寡言的搭档戴夫此刻插话说:"别太卖弄了,小子。我们可不想让世界上一半的人都知道他们能够通过哈希赚大钱。"戴夫飞快地盯了佩里一眼,佩里意识到他朋友的话里的严肃意味。

"是的;不过,并不是很多人都有我这种本事啊。"佩里骄傲地补充道。

---

① 原文为"as calm as a cucumber",意为泰然自若。

戴夫看起来很快活:"我们俩一起干,因为我们一切都是靠自己,收益很不错,每个人都很开心,嗯啊?"

佩里没有留意戴夫在说什么,因为他正从一块哈希砖上撕下一小丝来,为自己卷烟。"我告诉你吧,这烟的质量是我们成功的关键。我们只提供品质最佳、最高档的哈希。质量至关重要,因为比起在当地一些酒馆里买到的哈希,我们收费是它们的四倍。那些垃圾哈希里的真正哈希含量大概不会超过40%。"

佩里吸了一大口哈希烟,他的搭档戴夫接下去说:"在这些地区卖高质哈希的好处是,只有有钱的客户才能买得起,他们是一些热情的酷爱者,跟他们打交道是很愉快的,他们对我们十分尊重。我们根本不去那种尽是人渣商人的塔楼公寓。我们的大部分客户都居住在独立房屋里,有长车道。这就是我们要保持的经营方式。"

采访到此,佩里和戴夫已经各自喝光了一瓶啤酒,然后宣布要去送一些哈希货。他们没有邀我同行,原因正如戴夫所说的:"我们绝不会为了你令我们的客户感到不快。"

佩里接着插话:"你可以称我们为哈罗兹(Harrods)百货公司级别的哈希供应商。只要我们保持这种经营方式,我们就应当是安全的,而且非常富有!"

说到这里,他们将货小心地装进一个背包里。他们没开汽车,而是更愿意骑川崎摩托车到埃塞克斯的客户那里去。

此刻,我不由想起了几分钟之前佩里说的,戴夫是他在世界上唯一信赖的人。我捕捉到了他们之间的一瞥,我意识到,这两个人的团结合作是他们生存的关键。

第十五章
品鉴专家汤姆

在哈希行当里，仍然存在着少数旧式人物——自我招认为"老嬉皮士"，他们深信卖哈希并不比开一家酒吧更违法。他们的漂亮英国口音，几乎赋予了他们为哈希大唱赞歌的权利。

汤姆来自英国南部的伯克郡，毕业于私立学校。他为自己具备的哈希"专业"知识而感到自豪。他确信，这一专业知识帮助他保住了一整批忠诚的客户，他们只从他那里购买哈希。

"我从不做哈希以外的任何其他买卖。可卡因和摇头丸是厉害的玩意儿，我不想对我的客户的健康受损而承担责任。"他说，"我是个地地道道的专业哈希经销商。我通过它过着体面的生活，因为客户都很信任我。我也是个典型的老嬉皮士，我相信，由于哈希直接来自生长在泥土里的植物，所以它对人的健康是有益的。我卖的哈希不含任何化学合成物，我觉得这使得我在这个游戏中鹤立鸡群。"

汤姆说，三十多年来，哈希买卖为他提供了稳定的收入。他在伦敦有许多名人客户，他定期拜访他们。而且，他经常携带哈希飞越各大洲，为生活在英国之外的一些大客户服务。"我做生意完全依靠口碑。富人或名流客户在他们的朋友们面前对我加以美言，我的名声就传开了。"他自豪地补充道,"你知道吗?我干这行三十多年来,至少有十个客户一直由我供货。我估计这种情况是很少见的。"

在和我会面的两个星期前,汤姆甚至专程飞到了西藏一趟,去检验准备被走私到欧洲的一批最优质的喜马拉雅哈希。"我愿意去做这类的访问,因为这能保证我的货源稳定可靠,我很自豪能提供这种个人服务。假如我允许产品质量下降的话,很快就会开始失去客户了。"

西藏之旅的开销是由一名富有的客户支付的,他碰巧是世界上最著名的银行家族的成员。"他有一天打电话给我,说他想要买一万英镑的喜马拉雅哈希,他让我亲自前去做质量检验,确保它是最高档的。他愿意提供全部的旅行费用,我自然是乐意效劳啦。"

这就是汤姆的独特之处,跟我写作本书时遇到的其他大多数的黑社会成员不同,他在光天化日之下经营,对自己的所作所为不加任何伪装。他坚信,正是由于他如此开放,从而避免了许多麻烦,更好地保护了自己。他解释说:"我就是我。我认为,保持公开,让我的生意本身来说话,我就不会被视为对任何人构成什么威胁。我的意思是指罪犯和警察。他们对我这样的人没兴趣。我只是个勤勤恳恳的商人,销售所有成年人都应当有权享用的一种产品。别误会,我并不想让哈希合法化,因为那样的话它的价格就会降下来,很快我就将没生意可做了!我认为目前英国的方式很适合我。警方对缉捕可卡因大亨更感兴趣,我这样的人被看作是无害的老怪物,为自负其责的成年人提供一种服务。事情就是这么简单。"

汤姆说话既带有中大西洋的温和的嬉皮士调子,又有上流社会私立学校的口音,这取决于他在说什么,以及他是否在抽大麻烟。有一点很清楚,他对这个世界很少有烦恼,而且非常喜欢自己的

"工作"。"我从自己的工作中获得真正的满足,因为我为我的产品感到骄傲,很多客户都成了我的朋友。我能够飞往世界各地,由其他人来支付旅费。你还想奢望什么呢?"

汤姆的基地设在海边的一个小镇,有便利的火车直通伦敦。他的海滨寓所里摆满了古典家具,以及他多次走访异域带回来的艺术饰品——摩洛哥的地毯,印度的哈希烟筒,泰国的佛像,还有阿富汗的穆斯林包头巾。

我们一边聊天,他一边拿出了四只小袋子,里面装着不同颜色和质地的哈希。他取出每只袋子里的小砖,先闻一下,然后告诉我它是从哪里来的,为什么受到某些客户的青睐。

"这个是阿富汗哈希。它味道醇厚,滑进喉咙就像天鹅绒一样,但在吸入大约三十秒钟之后,它就会产生惊人的效力。我把这种哈希推荐给那些有一整天空闲的人,因为一旦抽了这个,你几乎不能走路。"

接下来,他拿出一块颜色暗得多的哈希。"这是印度哈希。它的效力要温和得多,我的许多商业和金融界的客户很喜欢它,因为他们可以在两个会议的间隙抽上一口,行动能力仍能维持在'正常的'水平。他们说,这可以帮助他们在做演示之类的事情时更为放松。"

汤姆跟一个二十七岁的拉脱维亚女友生活在一起,尽管他有一个妻子和三个孩子住在附近。"我告诉过你,我的骨子里是个典型的老嬉皮士,崇尚性爱自由之类的名堂。我仍然照顾我的妻子和孩子,但就是没法跟她们生活在一起。"

不同于哈希黑社会里的许多其他成员,汤姆说,他的妻子和孩子,以及其他亲戚朋友都知道他是做什么的。"我为什么要向他们隐瞒呢?我认为自己是真正的哈希专业人士。我为自己所做的事感到很自豪。"

但是他的孩子们呢？如果他们其中之一最终也从事同样的"职业"，他不介意吗？

汤姆往后靠了靠，又抽了一口哈希烟，回答说："这是个棘手的问题，因为我的确很想让孩子们从事医生和律师之类的职业。如果他们考砸了，像我那样进不了大学，那么，做哈希生意也许是他们的最佳选择。但是首先，我想让他们到'真实的'世界里去试一下身手。"

汤姆的故事让我们看到了21世纪英国的所谓"毒品交易的可接受的一面"。他精心地将自己塑造成一个光明正大的形象，这无疑有助于他的生意兴旺发达。

不过，我问他，这些年来，跟供应商之间一定也发生过一些纠葛吧？汤姆似乎显得比刚才更紧张了一点，勉强地笑着说："嗯，这个问题很妙。我的客户不想知道关于这门生意的'另一端'。事实上我觉得，他们愿意想象我只是跟一些善良的农民做交易，他们卖给我哈希，互相拥抱一下，然后我们便各走各的路了。当然，这都是无稽之谈。"

"有时候，我不得不对付一些很可怕的歹徒，那是这个游戏中令我厌恶的一面。有一次，我试图说服一个百万富翁客户同意资助我一年，以便建立一个完整的供应链，避开那些捣乱的犯罪分子。可是他退缩了，恐怕我被执法部门抓起来。那真的是很遗憾，因为，我无非就是为了从头到尾控制我的哈希供应渠道。"

那么，他碰到的那些歹徒是些什么人呢？"他们是中间商。那些从遥远的地方将哈希运到英国来的人。没有他们，这玩意儿今天不可能摆在我们的面前。可悲，但却是事实。销售不同品类哈希的唯一问题是，对每一种'品类'，我都必须要跟不同的黑帮做交易。伦敦北区有一帮土耳其人走私最佳的阿富汗哈希，伦敦西区的锡克人走私尼泊尔哈希。此外，我的大部分从摩洛哥进口的哈希来自法国黑手党的一个帮派。"

"正是在跟这些人做交易中，我真正赚到了钱。他们大多是一些反复无常的偏执狂，常常是一触即发，暴跳如雷。通常在同他们见面之前，我确保自己吸足了大麻，这样，同他们交手时容易保持冷静，危险性较低。可是有那么一回，一个土耳其人跟我发了火，把枪口抵在我的脸上，他以为我不想付钱给他。"

"面对他的威胁我毫无惧色，因为你永远不能让他们看出来你很害怕，否则他们就开始欺负你，并且敲你的竹杠。有意思的是，那些真正很厉害的家伙们不知道该如何对付我，因为我不像个典型的毒贩。这实际上让我占了一定的优势，只要他们不觉得我是瞧不起他们。"

汤姆承认，在1990年代后期，他一度通过英国最臭名昭著的一个犯罪家族购买哈希，其大本营设在伦敦西北区。"那是一场噩梦，因为警察在追查他们实施谋杀和可卡因交易之类的活动。起初，我没想到我实际上是在跟这个黑帮打交道，因为他们用了一个人来打掩护，直到有一天，我在伦敦西区的一家俱乐部看见这个人跟那个可怕家族的长子在一起。他的头像登在了所有的报纸上，跟几天前的职业杀手凶案有关。于是我设法跟他们脱了钩，尽管他们一直向我施加巨大的压力，想让我继续从他们那儿购买哈希。"

"我是这么摆脱他们的，我对他们说：我觉得自己被当地警察监视了。从某种程度上，他们就此作罢了，基本上算是友好地分道扬镳吧。直到今天我仍然深信不疑，如果我再碰到这些家伙，他们可能会只是为了出口气就把我痛打一顿。那类人最讨厌被人蒙骗，哪怕只是有一丝怀疑。他们认为那是破坏他们的声誉。"

汤姆停了片刻，点燃了另一支烟。他的女友玛丽亚睡眼惺忪地出现在卧室门口,身上的丝绸睡衣半敞着。汤姆朝她笑了笑:"我应当告诉他关于那些克罗地亚人的事吗,宝贝儿?"

玛丽亚耸了耸肩:"哦,说吧!为什么不呢?"

汤姆抽完剩余的烟,把烟蒂扔进茶几上的一只巨大的玛瑙烟灰缸里。

"这个国家正在变成挤满东欧人的一个臭粪坑,"汤姆说,"他们全都认为有权利从我这样的生意当中捞取好处。就在两个星期之前,我接到了一个操外国口音的蠢货的电话,声称想从我这里买一些哈希。我通常是不会接受新客户的,但这家伙提到了一个熟人,所以我便同意他来见我。他原来是来自克罗地亚的一个混账家伙,带着两个猪头猪脑的朋友。起初,他们非常平静地坐下来,说要向我提一个建议。我立刻就闻出来他们要放什么屁,但我不动声色地坐在那里,有礼貌地听着。实际上,我只想让他们立马滚出门去。"

"不管怎么说,这个家伙说一口非常流利的英语,告诉我他要供给我所需的全部哈希;我呢,则要把全部收入的一半分给他。这是一个经典的讹诈。他们蛮以为可以直接闯到这里来,接手我的生意。我猜,这真是有点像1960年代的克雷孪生兄弟那样,跨进一家酒吧,正告业主他们要接管,假使业主不同意的话,他的尸首就会被扔进垃圾场,或是废金属回收厂的一辆被撞烂的汽车里。"

"然而,我知道,应付这些人,不得不采取温和的策略。所以我就对那个领头的克罗地亚人说,我乐意考虑他的慷慨建议,请他给我四十八小时,以便我做出一切必要的安排。这家伙瞪着我,好像我有神经病。我估计他预料我会当场拒绝他们的要求,然后,他的两个跟班就可以把枪口顶在我的脸上。嗨,我要是这么笨,就不会在这个圈子里混这么久了。"

"他们刚一离开,我立即跟伦敦北区的土耳其供应商通话,告诉他们一群克罗地亚人试图接管我的货源。他们怒不可遏，因为土耳其人很恨克罗地亚人。我的朋友马上自告奋勇地去关照那帮克罗地亚人。我没听说他们的下场究竟如何，反正他们再也没有来敲过我的门了。"

所以，为了在哈希的秘密黑社会里生存，即使像汤姆那样"温和的老嬉皮士"也不得不偶尔诉诸暴力。从某种程度上来说，听到这个故事，令我感到轻松了不少，因为说到底，他跟其他人并没有什么根本的不同。

汤姆预料，英国黑社会的前途叵测。"这里很快就要充斥许多血腥的外国人，警察对他们会失去控制。我们会回到像是在维多利亚时代，每个街角都是骗子和拉皮条的家伙，为着挣上一点小钱。很多这些从外国来的人比英国人更绝望，更急不可耐地要搞到现金。这些人不久就会遍布各个城市，大麻烦就要来了。哎，我只希望自己能够平安地退休，生活在加勒比的一个什么岛上，一只手夹着大麻烟，另一只手搂着一个可爱的小美女。"

第十六章
街头商贩莱恩

在哈希行当中,街头商贩具有两个明显的优势:来钱容易和个人自主。但是,他们面临着外人难以理解的风险。如果一个经销商能够好自为之,并且及时抽身,他也许最终可以逃避法律的惩罚和肚子被扎上一刀。

不管你碰巧是什么样的哈希经销商,总会遇到非此即彼的麻烦。前海军陆战队队员莱恩(Len)即是一个活生生的例证。莱恩从十五岁到加入海军前一直在贩卖哈希。他说,这一切始于他当学生时,在家乡纽卡斯尔第一次买了一小塑料袋哈希。"我买了之后,以两倍的价钱卖给了别人。"所以说,三年前他从海军退役后干上这一行,不过是重操旧业而已。

如今,莱恩对他的产品有一种职业自豪感。他甚至坚称,在把哈希卖给任何人之前,他总是要先亲自品尝。他说:"我不想让任何人因为我的哈希而损害健康。"

对于通过贩卖哈希赚来的现金,莱恩小心地避免公开挥霍。他解释说:"那会被人怀疑,我很快就会被抓了。"

莱恩说,许多退伍士兵都落入做毒贩的境地。"退役之后,没有什么就业机会，没人在乎你，所以我们很多人最终都当了非法贩子，这不奇怪。"莱恩透露了这一"职业"里的一个有意思的内幕。他说，人们有一个最大的误解，即以为抽哈希的都是中产阶级人士。可是，活生生的事实证明并不如此。莱恩几乎每天晚上都到伦敦西区去，在沙砾街道两旁的酒吧和俱乐部里，把哈希卖给他的铁杆客户，他们全都是一些失业者或是从事卑贱工作、收入微薄的人。

莱恩管他的哈希叫做"酒食"。他说："它本来就是这么个东西嘛。如今买一块哈希跟要一品脱啤酒或买包香烟没什么两样。事实上，哈希常常还便宜不少呢。"

莱恩公开承认，他卖的哈希里掺杂了其他成分，以便尽可能多赚。但他对此有个得意的理论，证明掺假在哈希游戏中最终是无关紧要的。"人们只不过是想享受抽烟的乐趣而已。从我这儿买了哈希，撕开一支香烟，把烟草摊在一张纸上，然后把哈希掺进烟草里，如此而已。如果往香烟里撒的哈希中含有一半的树皮，他们似乎并不很在乎。要的其实就是一种仪式。人们觉得干一点癫狂的或违法的事是挺有魅力的。"

莱恩向两百多名定期客户提供10英镑和20英镑一包的哈希。他估计自己的高收入主要是来自于销售的数量而不是质量。"哦，这些年来，我听说过关于这一行的所谓'时尚层次'的屁话，人们谈论起哈希，仿佛它是一种艺术。嗨，它是一种毒品，就这么简单。我是一个毒贩，靠它谋取一个好生活。"

莱恩的家在伦敦的南面，距城三十余公里，我在那里同他会面之后，又跟他一道去了伦敦西区的一个"送货"点。他解释说："有很多地方，我是不会让你跟我来的，但我们要去的这家酒馆里全是些大麻瘾君子，他们好像根本不在乎谁跟我在一起。"

莱恩说的没错。那家不起眼的酒馆坐落在繁忙嘈杂的快车道附近，当我们溜达进去时，似乎没人对我们显出丝毫的兴趣。莱恩轻声笑道："这帮愚蠢的混蛋。他们全都飘然欲仙，几乎不记得我是谁了。"

我们来到主吧台，要了两杯饮料。一个脸庞绯红、腆着啤酒肚的中年男子朝我们走过来，莱恩立刻就认出了他，他们俩便走到吧台另一端的黑暗角落里去了。不到一分钟，莱恩又回到了我的身边。

"他每周至少来四次，每次买两个20英镑的哈希包。我太喜欢这样的定期客户了！如果我能持续保持两百个这样的客户，在一年之内我就能挣够钱，从这个游戏中退休了。"

可是，莱恩承认，很多客户来了又走。"这应当不算是一种季节性的生意，但有时我就是有这种感觉。我的很多客户都是重度瘾君子，其中大概一半的人都把我的电话号码搞丢了。这就是为什么我要到酒吧来的另一个原因：让人们记起我是谁，假如他们昏头昏脑地忘记了的话！我说的是当真的。"

我们啜着苹果酒，莱恩的目光向四周扫视，以便发现是否有老主顾现身。"今天这里很安静。也许他们抽了很多我卖给他们的哈希，全在家里昏昏大睡呢。"

此刻，一个二十几岁的年轻人走进来，他直视着莱恩，对他点了一下头。莱恩朝他走过去，随后他们就一起出了酒吧。

三四分钟后，莱恩再次出现，脸上挂满了笑容。"哇，当你听到这个，你会但愿刚才把录音机放在我的口袋里了，伙计。"

我点点头，鼓励他继续说。

"那孩子是'代表'一个警察来的，他要了四袋20英镑的。多大的收获啊！"

"'代表'是什么意思？"我几乎是天真地问。

"一个中间人。那个警察派他来的。"

"可他是怎么找到你的呢？"

"这地方很多人都知道我。"

但是，我想知道，为什么警察不直接跟莱恩联系呢？

"哦，我常遇到这种事。警察不想被发现跟我这样的人接触，所以他们就利用其他人来替他们干这个勾当。典型的、狡猾的混蛋，是吧？"

但你又是怎么知道那孩子是为一名警察工作呢？

"我知道，是因为我盘问了他。我从来不把东西卖给我不认识的人。这是我的黄金法则之一。"

"嗯，是的，"我指出，"可是你现在已经知道了那个警察是谁，他利用那个年轻的家伙还有什么意义呢？"

"那是他们的问题，不是吗？"

我们的谈话被莱恩的智能手机上收到的短信打断了。他停下来读它。

"啊，我们得要上路了。我的一个特殊顾客想要货。"莱恩笑了，主要是对着他自己。他时常这样。

十五分钟后，我坐在莱恩的沃克斯豪尔旧旅行车里，到了伦敦西区的一个最大的居民点。那是一个衰败的社区，成帮的野孩子们在塔楼之间的狭窄街道上玩耍；年轻人聚集在街角上。莱恩走到一栋三层的公寓楼前，敲了敲门。

我抬起头，从莱恩进入的门口朝里面的走廊望去，不知道他在那里做些什么。过了二十分钟，他才出来了。此时，一伙本地小青年开始在莱恩的汽车周围转悠，似乎把我当成是一名卧底探员。

看到莱恩的肥胖身影朝汽车的方向晃着过来，小青年们才一哄而散。莱恩冰冷地瞪了他们一眼。

回到车里，莱恩忿忿地吐出一口长气。"什么他妈的狗屎！你很幸运，我没带你进去，伙计。"

莱恩不等我反应就继续说："这就是人们所说的毒巢，既恐怖又恶臭。这个愚蠢的老混蛋养了一窝罗特韦尔狗，它们龇牙咧嘴，还想舔人的屁股。我告诉他这些畜生会把客户吓跑的，但他似乎不他妈的在乎。"

然后他透露说，"愚蠢的老混蛋"是一个六十七岁的可卡因贩子，名叫史蒂维（Stevie），他从莱恩那里买所有的哈希。"他说他自己不喜欢吸可卡因，所以需要抽哈希，来帮助他对客户保持冷静和礼貌。"莱恩解释说。

史蒂维在一套空置的公寓里经营着一个臭气熏天的毒巢，据莱恩说，那通常是可卡因和快克贩子们的做法。"那种买卖的关键是速战速决，打一枪换一个地方。找一个空置的地方干上几个月，然后再转移到新的巢穴去。他们赚钱的关键是要吸引来周边的所有吸毒者。我曾见过有十多个急不可耐的瘾君子排队，等着进入史蒂维的毒巢。"

莱恩说，很久以前他就放弃做A类毒品生意了。"我坚持只做哈希，这是一份稳当的和愉快的工作，如果能搞到货的话。单是坐在史蒂维的毒巢里就足以让你一辈子不想沾可卡因和快克。它整个儿是一个臭屎坑，而且还有很大的风险，一些混蛋总想最终把你挤垮。"

莱恩说，史蒂维是个"烂渣货"，几乎说不出一个完整的句子，"除非他手里有支烟。"他解释说，"那个可怜的家伙多年来已经嗑进了太多的毒品，他只能勉强地维持那个巢穴。我敢肯定，早晚会有更年轻、更凶狠的家伙来接管他的生意。"

回到莱恩的车里，我们没有开多远，就到了伦敦最富有的房地产区域之一。莱恩的情绪几乎立即高涨起来。"我真希望我所有的客户都来自这里！跟中产阶级做买卖没有任何麻烦，可话又说回来，他们不会买很多。这可以说是没有十全十美的事儿，对吧？"

莱恩说，他宁愿"在路上"而不是在特定的地点销售哈希，"因为这样不容易让执法部门人赃俱获"。

他接着解释其他的一些黄金法则："我不把哈希藏在家里，从来不。我牵着狗出去遛弯儿，然后把哈希藏在灌木丛里或某棵树的附近。它始终是密封包装的，所以不会进水。不存放在家里是至关重要的，以防万一警察登门拜访。"

莱恩继续说："我被执法部门盯上过好几次。我总是把哈希藏在我熟悉的地点，因此第二天能回去找到它。有一次，当我沿着一条街走的时候，警察在远处叫住了我。我立即把哈希包扔到了路边的屋顶上，他们什么线索也没发现。第二天，我找了一架梯子，爬上屋顶把它捡了回来。还有一次，我发现几个便衣警察尾随着我，我不得不把哈希扔进公园的池塘里。后来，我找了根长竿把它们打捞出来了。"

莱恩说，他对抽哈希上瘾的人并不感到有什么良心上的歉疚。"这是一个自由世界，难道不是吗？如果他们想要把自己抽傻，那是他们的事。我不会以吸不吸毒来评判他人。我也没有逼他们抽那玩意儿，对吧？人们需要对自己的行为负责嘛。我知道，哈希是可以把人搞垮，但依我看，这些人甚至在吸第一口大麻之前，就已经垮了。"

随后，莱恩做出了一个令人惊讶的忏悔：去给客户送货时，他经常吸一点可卡因来"保持精神头儿"。"我知道，对于大多数瘾君子来说，这听起来很奇怪，但可卡因确实可以帮助我在一天的匆忙竞争中保持警觉，效果极佳。着实好笑，因为很多抽哈希的人看不惯吸可卡因的人。就我个人而言，我看不出这两者有什么区别。它们都是毒品，都可以给你带来某种兴奋刺激。我需要可卡因来保持警觉，它的确管用。但这听起来是不是很蠢呢？我不能向我的哈希客户承认我吸可卡因，否则他们可能就不再买我的货了。"

莱恩估算，作为街道级的哈希经销商，他每星期大约可挣2000英镑，但是他坦承自己没存下什么钱。"我是个吃光花光的白痴。这的确很蠢，因为总有一天我会在这个游戏中玩儿完，那我就像大多数同伙一样，加入全国的失业大军。我一直告诫自己应该存点钱，可惜我还有另一个弱点：赌博。辛辛苦苦挣来的很多钱就那么输光了。"

莱恩坦白说，他每个星期在博彩店里的损失多达1500英镑，主要是输在赌马上。"这对我来说比吸毒更要命。我但愿自己可以戒掉赌习，可我又挺喜欢那种刺激的。这真是他妈的傻瓜才干的事。只要我赌瘾不戒，我就得要靠卖哈希才能生存。"

莱恩最喜欢的一个客户名叫本（Ben），是来自萨里（Surrey）的一名五十二岁的陆军退役军官。二十年前他在战场上差点被打死，如今他借助哈希来缓解战伤遗留下来的慢性疼痛。莱恩说，本很清楚，他买哈希是在资助犯罪，但他确实是因伤痛而需要依赖这种药物。

"那家伙是一名真正的精英，战斗英雄，为我们其余的人几乎献出了生命。"莱恩说，"这是一个有趣的老游戏，你会遇到很多不同社会阶层的客户，因为哈希大概是世界上最无阶级区分的毒品，可能很长时间里都会是这样的吧。"

第十七章
金融家西里尔

职业罪犯挺崇拜毒品行业的,因为它说起来全都是关于"产品"。西里尔(Cyril)可能是人们见过的最不像哈希大亨的人之一。他隐居在肯特郡的乡下,住在一个有五间卧室的独立豪宅里。西里尔虽是来自伦敦东区的黑帮,却陶醉于乡绅的生活。

西里尔是一名哈希"金融家"。在哈希通过黑社会渠道被运至英国、最后到达数以百万计用户手里的整个旅程之中,他甚至从来没有触摸过它来玷污自己的双手。"我讨厌那该死的东西。"西里尔冷冷地说,"究竟为什么有人会滥用毒品?我搞不懂。"毫无疑问他说的是真话。

对西里尔来说,哈希只是一种有利可图的商品。他现在已经当上祖父了,他发誓,假如他的哪个孙子迷上了那玩意儿,"我会狠狠地拧他的耳朵"。西里尔似乎并不觉得这话有什么讽刺意味。

他所做的一切都围绕着金钱。他说:"凡事对我来说有钱可赚,我就会去做。"西里尔在哈希游戏里进进出出已有三十多年。他曾因欺诈罪在监狱里蹲了十八个月,出狱之后就开始卷入哈希交易。"监狱,就是你学习毒品真谛的好地方。我在监狱里建立的关系比在任何别的地方都多，我一出狱，就认定了要集中精力去做哈希。它真是个一本万利的买卖。"

西里尔有洗钱和金融欺诈的"前科"。但是，他说，当一个毒品大亨的妙处就在于他"连碰都不用碰那该死的东西"。

他解释说："我的经营方式是这样的，哈希被运到我管辖的人那里，然后直接转送到下一梯队。货物在我的秘密储藏室里通常停留不超过两三天。时间越短越好，否则如果警察上门，你就会被送进监狱。"

在转向犯罪之前，西里尔是做手表和钻石生意的。"我在城里有一家店铺。那是1970年代，生意很不景气。我无力继续经营，因为当时的门面租金达到了天文数字。然后我就碰到了一个家伙，他建议我利用我的会计师资格进入洗钱的行当。"

当洗钱犯罪最终将西里尔送进监狱之后，他便转做哈希生意了。今天，西里尔估算，他的收入七成来自哈希。"这是一个坚挺稳定的市场。它不会有很大的浮动，可我恰恰喜欢这样，因为这意味着，我可以精确地知道我能从每一批货赚多少钱。"

西里尔不大愿意谈及他的哈希货源的详情，因为"仅仅由于是走私哈希，并不意味着没有凶险的恶棍，如果让那些混蛋掌握了信息的话，他们很快就会企图接管我的生意"。他告诉我说："我的角色是每星期一掏出5万英镑，星期五收回来12万英镑，废话没有。多么滋润的买卖！这就是我所关心的。"

"假如我不得不将货多存几天，那显然就有点讨厌了，不过我找到了一个绝妙的密所，如果需要是可以办得到的。"

西里尔随后露出了罪犯的真面目，当我问他，如果他的货"不知去向了"，那会出现什么结果。他解释说："那发生过几次，我不得不让保证负责那批货的人付给我钱。我不在乎他们的借口是什么，他们必须承担经济责任。这是游戏的规则之一。如果有谁没法付货钱，把货搞丢了，或被盗了，或被警方没收了，那他们可就倒了大霉了。做这门生意就是这么回事儿。"

听着西里尔谈论"伤害"其他黑帮，将我带回到了整个哈希游戏的现实。他的冷酷无情，又一次提醒我，哈希是一种非法毒品，像西里尔这类的黑帮通过它发财致富。正如他自己承认的："仅仅因为哈希不是A类，并不意味着风险不大。这是一个犯罪产业，跟所有的这类产业一样，它必须让每个人都能赚大钱，否则就不值得去做。"

西里尔邀请我坐进了他的闪闪发光的黑色宾利车，开到了附近的一个上锁的车库，他承认那是他的操作中心。他解释说："我给你看这个地方，似乎有点滑稽，但这些年来，它确实给我带来了很多便利，尤其是当我跟那些企图出卖我的恶棍们之间发生纠纷时。"

西里尔用电子遥控器打开车库，门慢慢地卷了上去，里面放着三把椅子、一张桌子，还有一系列工具，从锯子到榔头一应俱全，全都挂在车库尽头的墙壁上。"欢迎来到我的办公室，"西里尔几乎是骄傲地说，"这里就是召开所有重要会议的地方。"

车库潮湿的角落里光秃的轻型砖墙前有一只橱柜，西里尔走过去，从橱柜里拿出了一件什么东西。他走回来递给我看，是一支黑色的左轮手枪。

"别担心。它没上子弹，我只是替一个朋友保管。"

西里尔小心地将枪放回原处，继续引导我参观。西里尔说："看见这些工具了吗？它们用起来相当顺手，如果我认为谁拿我开玩笑的话，比方说丢了哈希货那样严重的事。"

"你是当真的吗？"我问。"当然啦。但我必须承认，一旦我的同伙看见它们挂在那里，他们很快就领会了我的意思。实际上的暴

第十七章 金融家西里尔

力行为是我的最后一招。把他们吓得屁滚尿流更好一点。"

从很多方面来看,西里尔是我在哈希黑社会中遇到的最危险的罪犯之一。从穿着上看,他完全像一个来自肯特郡的体面的中产阶级商人,而事实上他比我遇到的其他任何人更杀人不眨眼。

仿佛看透了我在想什么,西里尔补充道:"暴力或暴力威胁是我干的这一行的一部分。如果我不令其他的'团队'胆儿颤,那么我自己就该遇到麻烦了。我称这个为良好的公关。我要让那些混蛋们明白,想跟我捣乱是没门儿的。这样就能确保每一笔交易都顺利完成。"

西里尔斜着身子,从高架子上取下来一把钢锯。他用指尖慢慢地从上往下抹着锯齿的边缘。"看到了吗?"他一边说,一边从细小的金属齿里挑出什么东西来。

"是人血。"他邪恶地笑出了声,"这就是我总用来教训他们的,常常吓得他们连滚带爬地往外逃。"

"真的吗?"我问。

"无可奉告。"西里尔纵声大笑起来。

接着,他把锯子放回原处,又拿起一把羊角锤。"我在伦敦搞抢劫的老朋友曾说,用一把锤子重击某人的手指甲,通常几下就搞定了。而且,很难证明这是你干的。"

说到这里,西里尔忍不住举起了锤子,往木质的台面砸去。它留下了一个可怕的凹痕,约50便士硬币那么大。"这就是在人脸上会留下的印子,永远地提醒你是谁。"

"这一切似乎有点老式了。"我对西里尔说。

"胡说。假如有问题需要解决的话,这类家伙永远是管用的。"

几分钟之后,西里尔用遥控器将车库门关了起来,我们走回他的宾利车。

西里尔说:"我不希望你把我描绘成一个虐待狂,似乎谁让我不安逸,我就干掉谁。"他的声音里不带一丝讽意,"这是我的职业。我是一名商人,哈希对我来说是一种很赚钱的谋生方式,仅此而已。"

第十八章
专业顾问提格

在英国各地,有一些种植大麻的所谓"家庭工厂",它们往往设立在郊外的上流社区和高智商的人们的住宅里。种植者们除了收获大麻草之外,最近也开始制作哈希。

2004至2007年,英国警方每年在国内查出约八百个家庭大麻种植园。到了2009至2010年间,数目增长到了七千个,其中最集中的是在西约克郡、曼彻斯特和西米德兰兹。警察在那一年共回收了75万株大麻植物。现在,据警官协会(Association of Chief Police Officers)估计,家庭室内种植的大麻约占英国市场份额的七八成。

"室内种植"已经变得如此普遍,据能源公司统计,价值高达1亿英镑的电力被盗,用于刺激大麻生长的尖端照明系统之需。非法种植者不光是惧怕警方。英国天然气公司(British Gas)——现在的主要电力供应商——也成立了一个特别部门来对付他们。该公司检测出电力消耗量陡增,其原因是大麻种植者使用电力排水设备,将养分直接注入植物的根部,来实现室内无土种植。

在大利斯(Great Leys)地区的牛津城附近,两名社区警察转递一封错投地址的信件时，偶然发现了一个大麻工厂。警官伊恩·罗克（Ian Roch）和特别警员奥斯卡·海沃德（Oscar Hayward）敲门的时候，一股强烈的气味扑面而来。当两个"神色惊恐"的人打开门时，更加剧了他们的怀疑。不可思议的是，那两名男子竟然从警察的身旁逃脱了。随后，警察在房子里发现了六十株大麻幼苗，四十株60厘米高的植物正在生长之中，还有四十五株60厘米高的已接近成熟。

2011年，纽卡斯尔警方接到一个涉嫌入户盗窃的报案之后，在一幢房子里发现了一个巨大的大麻工厂。约三百株茁壮的大麻植物被缴获了，街头价值估计超过15万英镑。

在英国，四分之一盎司哈希的平均售价为21英镑。商业和个人市场对国内生产的哈希的需求日益增大。

这就使得"专业顾问"大有用武之地了……

******

我管他叫提格（Tig），因为他真正的昵称太特别，一旦公开，管保立刻被所有的人识别出来。被撕下面具可能会让他付出很大的代价。

提格是英国的一名自由职业的大麻种植专家，事实上，他自称是一名"专业顾问"，就他所谓的"本土种植经营"提供全面的专业服务。咨询范围包括所有的操作细节，从租用合适的房子，到控制温度、照明以及最重要的——选择适宜的栽培品种。提格的"客户"范围很广，包括那些想要享用自家产品的人和将它作为一种谋生手段的人。其结果是，提格提供的服务价格不菲。

对建立一个种植间，"顾问"提格收取3000英镑的固定费用。

有的种植间是设在租来的一幢空房子里，有的是住户为大麻植物腾出至少一个楼层。

提格说："这门生意很兴隆，因为在英国这里种植大麻，比从国外进口要安全不知多少倍。一般人有一种误解，以为在室内生长的植物的品质是低劣的。其实不然，如果选择了正确的芽苗，使用正确的设备，你的收获就可以跟任何生长在西藏山区或泰国水田的作物相媲美。我的工作就是，确保一幢房子的每一寸空间都被充分利用来种植最高品质的大麻草。"

提格显然十分热爱自己的工作，他形容说，他接受的每个项目都是"一个真正的挑战"。

他热切地解释说："我爱这个工作是因为，很坦率地说，大部分开始尝试的人都不知道该怎么做。他们需要一个像我这样的角色，来帮助他们启动本土生产。"

近来，提格开始鼓励家庭种植者既收获大麻草，也制作哈希。他把这个看作是自己的"责任"。"这可以有效地从每株大麻植物获得双倍利润，天知道为什么从来没有人这么做过。"他解释道，"去年，我突然悟出，多年来我做家庭种植一直忽略了这个奥秘。哈希是现成的。你只需要学会如何从植物的花苞里将它提炼出来。"

"这就是说，人们只是着迷种植和销售强壮的大麻草，却忽视了最显而易见的一个事实，即可以利用同一植物的剩余部分制作哈希。"

提格说，家庭种植者需要做的就是遵照他的指南："在摘掉了大麻叶之后，从剩下的枝干上取下枝芽和花苞，小心地将它们晾干，然后放入冰箱。两三天之后拿出来，磨成细小的颗粒。接下来，再将磨碎的枝芽和花苞放入一个干净的垃圾箱，在箱口的边缘罩上细纱网。"

"然后把垃圾箱倒过来，不断地摇动箱子，使花苞的粉末落到网上，筛漏下来。接着，将粉末放到塑料纸或保鲜膜上，用力压紧后包起来。之后再把它浸了水，放入烤箱十二至十七分钟。然后用擀面杖或锤子一样的工具将它夯实，再放回冰箱里十五分钟。这样，你就得到哈希了。"

提格认定自己是制作哈希和种植大麻的双料顾问，并且相信在接下来的两三年里，"一旦人们明白了他们可以从每一株作物得到双倍收益之后"，他的顾问收入大概会增加两倍。

提格是秘密的哈希黑社会里这一档次人物的一个缩影。他无忧无虑，对生活抱着乐观的态度，尽管在做顾问的生涯中，他也有过一些惊险的遭遇。

他解释说："我知道这听起来有点陈词滥调，但我的确喜欢帮助人们在英国设立这种经营。当然，我也喜欢挣钱，而我真正的快感，是来自于看到这种本土经营的成功。"

"家庭种植"这个说法有点含糊，因为，为提格的专业知识付钱的人往往要么是犯罪团伙，要么是境遇艰难而转向犯罪来谋生的人，并不是一般正常的"家庭"。提格号称自己是一位大麻种植大师，但实际上，他也是一名商人，向人们销售一种非常有利可图的"技术"。

提格本人曾是私立学校的一个有怪癖的学生，在坑蒙拐骗的环境中长大，他的父亲是个卖二手汽车的。他说："的确，我没学到多少基本的道德规范，但我学会了如何生存，在很多情况下还能'茁壮成长'，所以我没什么可抱怨的。"

在1980年代初期，提格是个老派的大麻贩子，活跃在伦敦最富裕的地区：肯辛顿和切尔西。他说，通过做交易，他得以结识了一些流行歌星和演员，甚至还有几位王室成员，作为值得信赖的高品质大麻的供应商,他在整个伦敦西区有很好的口碑。

过了一些年,由于国外的货源供应减缓了,提格自己试着搞了一点"家庭种植",从此他便"掉进了"当顾问的游戏。他解释说:"我开始是自己种了一些出卖,但规模不大,只有零散的几个客户。后来,有个二十二岁的客户,问我是否知道如何建立家庭生产经营,因为他的母亲丢了工作,他们家需要找到一种财路,以便迅速地挣到足够的钱,来支付房租。"

"我搬进了这个家伙的房子,在三天之内便将整个阁楼转换成了一个家庭种植园。我选择了种子,并提供了照明套件,那是可以从任何'自己动手'商店买到的。两三个之月内,他们就收获了第一茬本土作物。"

提格不喜欢谈论详细的操作方法,因为他相信那"可能会对自己的业务不利"。"关键是要买最好的大麻种子。或者甚至也可以采自你自己种的大麻草。目标是要让种子发芽。这意味着把一批种子投进潮湿的土壤里,放置在大约六层湿纸巾之间,或湿海绵的毛孔里,要保持纸巾或海绵潮润但不是透湿的。一些草籽将在二十四小时内生根发芽,而其他的可能需要几天甚或一个星期。到了这一步,你就知道,你的生意快开张了。"

"下一步你便要栽种芽苗。一旦种子外壳开裂并开始萌芽,便将它栽在潮湿的土里,上面再覆盖一些土。那时你就需要给植物提供光照。日光灯是最好的。将它们挂在离土2英寸的高度,苗芽出土后仍要保持光照。不过,要想在最短的时间内,确保一流的品质和最高收益,你就需要像我这样的顾问的帮助了……"

提格对自己作为"顾问"的专业技能非常引以为豪。"我的第一批客户先付给了我一笔固定费用,以后我每次巡查,确保植物正常生长,他们就又提出要付给我更多的钱。这使我清楚地意识到,这里有一个全新的市场，需要我能提供的咨询服务。"

几个月之内，提格就有了六个"咨询"业务客户。"真是令人惊讶，有那么多的人想要设置家庭生产经营。很多人是想卖大麻，但也有些人纯粹是为了自己消费。坦白地说，我看不出这有什么错。我的意思是，在英国这样做肯定是比较好的吧，相比让冷血黑帮走私到这里，牟取的暴利全进了他们的腰包？"

提格说，过去他与这类黑帮发生过几次冲突，所以他很高兴自己能够为他人提供本土经营的咨询服务，那些客户总的来说都是体面的中产阶级，或是碰到了生计问题，或是有吸大麻的严重积习。

他解释说："在嗜好大麻的人和青睐哈希的人们之间，历来都有一道明确的分水岭。我估计这就是为什么，人们花了这么长的时间才醒悟过来，可以利用每株植物的剩余部分生产哈希。我以前没有悟出来真是太傻了，不过当然，其他人也没有想到过。"

与此同时，提格极力试图避开搞家庭生产的重量级罪犯。"我不能跟中国人和越南人打交道，近年来，他们已经开始在整个出租房子里种满大麻。他们不关心质量，在那些房子里干活的大部分人事实上都是奴隶。这是这门生意的恐怖的一面，我可不想搅进去。"

提格有五十好几了，但看上去瘦削精干。"我爱抽烟，可我一直都非常注意照料自己。无论在任何情况下，我干这份工作必须保持高度的警觉。"

他接着解释："我对突如其来要我帮助创建家庭经营的人，是非常提防的。最近有个爱尔兰的家伙跟我联络，提出给我正常费用的三倍，要我飞往都柏林，为他建立家庭生产。我找了个借口，说我没空，因为我不喜欢介入他打算干的事，那是要建一个偏僻的农场，等于是去自找麻烦。"

提格估计，在城市里搞家庭生产被发现的可能性要小得多。他说:"所有地点中最理想的是城里的带凉台的房子的阁楼。警察不会注意到它们。而偏僻孤立的农舍是比较容易被带红外摄像头的直升机发现的目标。"

提格所指的是一种非常公开的却很少使用的直升飞机,它配备有特殊的红外摄像头,通过其复杂的发光系统,可以将大麻植物标记出来。英国警察部队用它来监测家庭生产经营活动。

当一名"顾问"也涉及其他的风险,提格继续解释说:"有一次,我帮助一对夫妇设立了家庭生产,在诺福克他们家房子的阁楼里。一切都很顺利,可就是阁楼里太热了,大麻草简直就像要开始冒烟。而且气味太冲,一百米之外都闻得到。我想尽了一切办法来改变周围的环境,解决高温问题,但是阁楼朝南,白天太阳直射将它变成了一个烤箱。最后,我不得不放弃这个项目。"

"我警告那家人,这个工厂很快就会被发现,因为他们的邻居肯定都会闻到大麻味儿。他们不理会我的警告,结果,警察上了门,不仅关闭了大麻工厂,他们还蹲了十八个月的监狱。"

"你必须十分小心。它并不是像人们想象得那么容易。我猜这就是为什么有那么多人排着队等候我的服务!植物的培育是最重要的,它们需要二十四小时的关注。只是往花盆里扔几颗种子,是不会给你带来任何收获的。"

提格的一项最新"任务"是应一位年轻贵族朋友的请求,在他的庄严宅邸的一侧建立一个"非常庞大的运营系统"。"这家伙是我多年的老友,我们俩一起抽了很多哈希和大麻草。最近他老爸死了,在威尔特郡给他留下了这座该死的大宅子,可他几乎付不起当地的房产税,更不要说管理房屋的其他费用了。"

"他邀请我前去,看看那里是否有潜力建成一个家庭工厂。喔,那是个梦想的好地点,是房子完全独立的一翼,多年没人住过，面积约有三幢联立房屋那么大，所以，它有栽种数百株植物的潜力。"

"唯一的问题是，我的朋友太穷了，他付不起咨询费。我着眼长远，打破了自己的金科玉律，同意在每株植物有了足够的收成、卖给经纪人之后，他再付给我25%的提成。我认为那是很妙的一着棋，因为一旦他的工厂运行起来，我将每个月从他的销售中得到相当不错的固定收入。我也说服了他，同时利用边角料生产哈希。因此，看起来，这将是解决他的所有财务问题的答案。"

从某些方面来说，提格似乎把自己看作是个劫富济贫的罗宾汉，通过鼓励所有的人"自力更生"，来剥夺富有和邪恶的黑帮。当然，他帮助每一个人都有金钱刺激的因素在起作用，所以，也并不全是他沾沾自喜的一种慈善行为。

"我的一位老朋友最近对我说，我就像是这个国家大麻产业的救世主。我喜欢这个说法，它太贴切了。我是一个心地善良的老椰子，我真正想做的就是，让每个人都过上幸福和富裕的生活！"

我们在伦敦南区的一家酒吧首次见面后，提格把我带到了附近的一个家庭工厂，建在刘易舍姆（Lewisham）的一个半独立式大房子的阁楼里。该业主开门迎接提格，就像是见到了一个久违的老友；他对我也十分客气。这一点很不同于我先前在哈希黑社会里的体验。

我们上了楼，到达一个平台，一架专用的阁楼梯子倚在墙旁。我顿时感觉到了从阁楼上飘荡下来的热气。头顶上，紫外线灯轻轻地嗡响着。我们爬上梯子，即刻发现自己仿佛置身于一个阴曹地府，除了阁楼中间留出的一条狭窄的通道，大麻植物占据了每一寸空间。室温非常之高，几乎像是进了桑拿房或蒸汽房。

"这类经营的唯一问题就是火灾的危险性很大。"提格指出。我并不惊讶。好像划一根火柴就能点燃空气，并且立即引起爆炸。

接着，提格同意为我的书拍一张照片，条件是将他的面孔遮住。"我为这个工厂感到非常自豪。它就像是我的孩子。我精心地培育了这些'植物'，现在，嘿，瞧瞧这成果！"

整个场景显然是令人叹为观止的。一行行，一排排，至少一米高的大麻植物挤满了整个空间。这里更像是热带丛林，而不是郊区的一幢不起眼的维多利亚式房子的阁楼。大麻气味很冲，但并不是令人无法忍受。

沿着梯子下来，我由于吸入了阁楼里的空气，感到有点头晕，便和提格到楼下的厨房里去喝咖啡。提格在他的"客户"面前居然也是同样地坦率大方，令人感觉很放松。他对待那个男子像朋友一样，劝他也稍加伪装，在我的相机前面摆了个姿势。

"是的，我总是告诉人们，这种经营的火灾风险是非常之高的。你必须万分小心。几个月前我帮助一位客户设立了一个工厂。我离开两周之后，一个白痴在种植间点燃了一支香烟，房子几分钟之内就变成了地狱。万幸的是，那个家伙逃出来了。那是租的房子，我但愿业主买了保险，因为房子基本上全都烧光了。"

很自然，提格不想跟警察有任何瓜葛。"警察有他们的事儿要干，我有我的。我的咨询业务的一个重要方面就是确保工厂百分之百地安全保密。我向客户解释，这不是生产一般的作物。他们必须非常小心避免对别人提到自己的经营。绝对不能让客人接近家里的种植间，最最重要的是，要确保他们的邻居毫无觉察。向警察打报告的常常是那些邻居。"

提格说，他计划开始鼓励客户从大麻植物上获取哈希。对自己面临的这一"新挑战"，他跃跃欲试。"这很有经济意义。通过简单地利用每株植物的剩余部分来制作哈希，你的收入几乎一夜之间就翻番了。我真搞不懂为什么以前从来没有人这么做过。"

但是，我指出，生产哈希难道不是意味着要面向完全不同的客户吗？

"问得好，"提格同意说，"绝大多数人是或抽大麻，或抽哈希，不两样兼抽的。在英国，哈希用户似乎比大麻用户的平均年龄要大一些。坦率地说，对我来说这是件好事，因为我的联系人和客户中大多数是中年人。我想，我宁愿向中产阶级的中年人兜售哈希，而不是提着一袋辛辣的大麻叶，到年轻人聚集的一个非法据点里去。"

回到刘易舍姆的那个"家庭生产"的房子里，房主罗尼（Ronnie）向我谈到他为什么最初要聘请一位"顾问"。"提格绝对是个天才。他帮助我白手起家，建成了这一切，千真万确。他培育这些植物，就像是对待他的孩子。这是一个非常有机的过程，他是其成功的关键。"

罗尼承认在他家的阁楼里设立这个工厂，是出于"商业和个人"的理由。他解释说："我喜欢抽烟，可是三个月前我失业了，十分坦率地说吧，我希望可以收获足够的大麻，生产足够的哈希，来支付我的生活费，同时还能免费抽好烟！"

罗尼的妻子知道关于种大麻的事，但因为房子的产权属于他的岳父母，他对其他人都保守秘密。"我很清楚，假如他们知道我在干什么，会很生气的。我也不想让我的朋友们知道，否则他们就会都跑到这里来，要免费的烟抽。没门儿！"

就在这时，提格的手机响了。他嘟囔了几句，就关掉了。"我该走了，带我的女儿去动物园。"

"顾问"消失了，回到"正常"的世界里，带他的孩子去附近的动物园了。我由此得到的印象是，提格挺喜欢他生活中的另一面。

第十九章
来自阿尔巴尼亚的黑帮

在英国被指控的犯罪者中,外国人——主要是东欧人,占四分之一还多。触目惊心的是,贩毒嫌疑人中十有九个是外国人;在性犯罪中他们占三分之一。并且,根据一家报纸的调查,在所有的外国人当中,波兰人、罗马尼亚人和立陶宛人是最有可能被警方检控的。

这些数据佐证了英国社会对"移民犯罪浪潮"的恐惧。官员们认为,由于很多东欧人能够轻易地隐瞒他们的犯罪历史,以假身份进入英国,这种移民犯罪只会有增无减。

阿尔巴尼亚人是这类移民罪犯中最典型的代表。那个国家因法律和秩序的崩溃而滋生了大批的犯罪分子,甚至意大利黑手党都对他们有几分惧怕。我通过一个名叫杰瑞(Jerry)的英国黑帮老大,见到了一个阿尔巴尼亚哈希大亨,名叫伊万(Ivan)。杰瑞事先警告我说:"伊万是他妈的一个真正的暴徒。"几个月前,杰瑞在阿尔巴尼亚的发罗拉(Vlorë)港跟伊万的黑帮会面时,一个名叫迪米特里(Dimitri)的阿尔巴尼亚歹徒"有点不高兴",就当着杰瑞的面,用日本武士刀将团伙中的一个人刺伤了。

"他们是我见过的最疯狂、最残忍的家伙。你稍不留神犯了忌，他们二话不说就杀了你，"杰瑞说，"我们都害怕阿尔巴尼亚人。他们掌控着来自阿尔巴尼亚东部的所有哈希。你若招惹他们，后果自负。"

杰瑞所说的来自阿尔巴尼亚东部的哈希，指的是从印度、尼泊尔、阿富汗和黎巴嫩等地走私过来的，一旦进入阿尔巴尼亚的国土，便主要由当地人接管，然后再运往利润丰厚的西欧国家和美国的市场。

在艾塞克斯的布伦特里（Braintree）附近的一家酒吧，杰瑞带了伊万来见我。显然，从开始见面，伊万就不愿多说话，他是为了让他的英国朋友杰瑞高兴才来的。跟伊万交谈有点像挤牙膏，尽管他的英语讲得很不错。

刚开始，我跟杰瑞无关宏旨地闲聊，伊万只是坐着不吭声。最终我改变了战术，冷不防地劈头直问伊万，你是怎么进入哈希"游戏"的？于是他回答说："我来自阿尔巴尼亚的走私家族。我的家庭控制着进入那个地区的所有货物。在我长大的村子里，走私是唯一的挣钱途径。这就是我们阿尔巴尼亚人的谋生方式。外国人带着毒品经过我们的领土，我们收取费用，为什么不呢？"

杰瑞事先已经提供了伊万的一些背景，所以我知道伊万及其党羽最初是怎么开始哈希交易的。当时土耳其人的毒品贩运要通过阿尔巴尼亚的那个地区，但他们不想付钱给当地人。"我们讨厌土耳其人，所以我们向他们要很多的过路费，才允许毒品经过我们的地盘。他们讥笑我们，试图不给钱。"

一场血腥的大屠杀结束了与土耳其人的冲突。"我们赶走了土耳其人，抢走了他们的哈希。"从那一天起，伊万和他的党羽便开始"接管"来自东方的所有货物。对阿尔巴尼亚人的这种做法，杰瑞似乎认为是合乎情理的，他解释说：“伊万说服了土耳其团伙，让他们卖哈希给他，因此从一进入阿尔巴尼亚起他就可以接管了。”

伊万缓缓地点了点头，默认杰瑞的话，但他似乎仍然不愿意直接与我交谈。

我注意到伊万不喝酒。当我问他为什么，他回答说他是穆斯林。我没有再多问，因为很显然他不想谈论宗教问题。

于是我问他来英国"做生意"有多频繁。伊万的回答让我很震惊："哦，我一年当中有半年住在这里。我使用一个假身份，因为我在阿尔巴尼亚蹲过一段监狱，如果用真名的话，英国是不会允许我入境的。我喜欢在英国的生活，但有时也要回阿尔巴尼亚去，以确保我的朋友们照管好那一头的事。"

接着，伊万自诩说，他在英国有两个女友——或他所称的"妻子"，在阿尔巴尼亚还有另外两位妻子。"这很完美。是吧？"他笑了笑，"我敢肯定，大多数男人都会想过我这样的日子。"

过了一会儿，伊万在酒吧里瞄见了一个颇有吸引力的女人，他定睛朝她的方向望去。"喏，别忘了，我的生活中总有剩余空间给另一个女人。"

我问伊万，他是如何设法掌控从阿尔巴尼亚到英国的那条利润丰厚的哈希渠道的。"这并不容易，但我有很多朋友身处高位，所以我可以做到让我的货运畅通无阻。"

这么大的一项生意，在到达英国之前，需要穿越无数的边界和检查站，你是怎么能够"接管"的呢？"哦，那不难。正如我所说，我们知道给什么人塞钱，以确保哈希顺利运达这里。这是一个十分健全的系统，而且大多数情况下都运转良好。"

伊万转身抬头看了看杰瑞，他刚从酒吧拿来一些新鲜饮料。"杰瑞是我在英国唯一信任的人。他是个好人。"

杰瑞回报了伊万一个微笑。

十年前，很少有人听说关于阿尔巴尼亚的什么事。今天，其黑帮的暴力活动臭名远扬，他们甚至能跟意大利黑手党一比高下。

在意大利北部，据传阿尔巴尼亚人已经从最凶险的黑手党分支安德拉盖塔（'Ndrangheta）的手中接管了卖淫业。在南部，阿尔巴尼亚人控制着毒品、枪支、卖淫和跨越亚得里亚海的贩卖人口生意，与当地的黑手党强行结成了联盟。甚至连救助沦为性奴隶的妇女的牧师们旅行时都必须带着保镖，以防阿尔巴尼亚绑匪采取报复行动。

英国的调查人员猜测，从东部涌入英国的大量哈希，是持假身份证的阿尔巴尼亚罪犯操作的直接结果。

回过头来接着说，在艾塞克斯的酒馆里，伊万喝着可乐，叼着香烟，建议我们出去聊聊。外面非常冷，但杰瑞和我都不愿意跟伊万争执。

伊万显然感觉在酒馆的花园里说话更为安全。他开始较详细地解释有关他的帮派的事。"我们都是亲戚。我们不信任绝大多数外人。不过没有人敢跟我们过不去，啊，杰瑞？"他继续道，"我们有从阿尔巴尼亚到这里的严密通道。没有任何东西可以背着我通过我在阿尔巴尼亚的地盘。"

"但为什么做哈希呢？"我问。

"因为抽哈希的人最多，我的朋友。它对我们来说只是一种商品。哈希、可卡因、人，有什么需求我们就会供应什么。但哈希是最大的买卖，所以要确保它控制在我们的手里。"

多年来，我遇见的很多英国黑帮，似乎都生活在对伊万这种阿尔巴尼亚黑道人物的恐惧之中。"孩子，他们是些兽类，"伦敦南区的一个老派毒品大亨告诉我，"他们先开枪，再提问题。恐怖的冷血动物。他们不按规矩办事。如果你让他们感到不痛快,你就死定了。就这么简单。"

"那么,哈希是怎么运到这里来的呢?"我问道。

伊万的眼睛眯了起来。他注视着杰瑞,然后使劲吸了一口烟。"这个我不能告诉你,否则所有的人渣就会试图抢走我的生意。"

于是我尝试不同的策略:"假如你丢掉了一批哈希货物,会发生什么事?"

"你这是什么意思?"

"那些承运人要担责任吗?"

"当然。"

"他们得按原价赔给你吗?"

"当然。"

"如果他们不还给你,会怎么样呢?"

"那我们从此就不再用他们了。"

自1990年以来,随着原有政权的崩溃,阿尔巴尼亚已经演变为一个令世人胆寒的犯罪势力。在意大利,几个月之内就出现了八万阿尔巴尼亚人。阿尔巴尼亚黑帮经由亚得里亚海,将大批同胞贩运到意大利,其犯罪网络迅速扩展。意大利普利亚(Puglia)的海关人员说,他们抓到的所有毒品走私犯都是阿尔巴尼亚人,并且往往是难民,他们要干这种活儿来向蛇头偿还五百美元的偷渡费。

阿尔巴尼亚的犯罪集团已发展成为十分复杂的组织(很少有人了解其内幕),从全球化贸易中牟利。在1990年代中期,阿尔巴尼亚黑手党甚至从其他国家请来大麻种植专家,帮助阿尔巴尼亚引进这种作物。伊万声称,他现在交易的哈希中约有三分之一是在阿尔巴尼亚生产的。

"但它不如从远东来的那么好，"他说，"我们生产的大部分哈希都卖给了本国人，因为它价格便宜。"

伊万煞费苦心地描述杰瑞是他的英国合作伙伴，但随着对话的继续，我看得越来越清楚，伊万运行着一个庞大的哈希走私网络，杰瑞只是其中的一小部分。

一位专家指出，阿尔巴尼亚人在1990年代中期初到意大利时，是被意大利黑手党雇来干脏活儿的，那种事以前是让十八岁以下的人干，因为他们年幼不会被送进监狱。阿尔巴尼亚人愿意杀人，他们不把生命看得那么重。意大利人是掌门的，阿尔巴尼亚人是喽啰，当街头贩子和打手。

我问伊万，假使英国当局查出了他的真实身份，并要求阿尔巴尼亚将他引渡回去，将会是什么结果。"那绝对不会发生，因为我在阿尔巴尼亚政界有朋友，可以保证我的安全。无论什么情况，在英国都不会有人知道我的真实姓名！"

欧洲警察和立法部门不能对在阿尔巴尼亚的犯罪组织展开有效的调查，原因是该国的司法系统几乎处于瘫痪状态。英国甚至不肯与阿尔巴尼亚签订任何协议，因为互惠条约将会使英国公民暴露于阿尔巴尼亚的司法系统之中。

我们坐在寒天里，长时间尴尬地沉默。伊万一根接一根地抽烟，谨慎地思考着对我每个问题的答案。他身穿厚皮夹克和牛仔裤，剃着光头，浑身上下渗透出冷酷和邪恶。酒馆里的其他人似乎都避免跟他有任何目光接触，不难看出他是多么地令他的英国同行心惊胆战。

伊万抽着烟，有意地停顿许久。"你知道吗，我的朋友？"伊万说，"我不认为自己是个罪犯。我是个商人，为家人赚钱。我并没有迫使人们服用毒品。我只是在满足一种需求，跟做任何其他生意没有什么两样。你明白吗？"

我点了点头。随后，杰瑞公然试图转移谈话的主题。

"伊万的意思是，老兄，如果你跟他耍什么把戏，他会来找你算账的，对吧？"

伊万笑了，使劲地拍了一下我的腿。"杰瑞是这么……"他顿了一下，"幽默。"

说到此，伊万站了起来，跟我们两个人握了握手，便踱出了酒馆的花园，朝停车场走去。只是在那一刻，我才注意到一辆黑色的宝马5系列停在那儿，有两个男子坐在里面。他们肯定是一直等在那里的。

"我告诉过你，他不会跟你谈很多的。"杰瑞说。

半个小时后，杰瑞——他喜欢被看作是艾塞克斯的"哈希商人"——带我去了海边，让我看看大麻通常是如何抵达这里的海岸的。在大海和主路之间的橡树林中，有一片野生动物保护区。杰瑞解释说，这是哈希走私者青睐的一个卸货点。

空香烟盒、被遗弃的衣服和鞋子散落在地上。杰瑞强调，这不是伊万的"经营"地点，而是其他外国走私团伙的一个卸货点。"看见这些衣服了吗？"他一边说，一边用脚踢着一套蓝色的女性内衣。"他们之中必定有一个女人。"妇女通常被迫卖淫来偿还从阿尔巴尼亚偷渡来此的费用。

为哈希走私卖命的难民们通常是在晚上或清晨抵达海岸，由等候在附近的汽车或货车接走。

在这片贫瘠、荒凉的海滩上，人们曾经发现过掩埋在沙子里的尸体。冷酷无情的蛇头视偷渡客的生命如草芥，他们往往强迫那些人从海里游到岸上来。我猜测杰瑞自己曾经在这里参与"接货"，但他一直以第三者的口气叙述，以避免任何尴尬的问题。

哈希贸易正是毒品业全球化的典型例证。土耳其黑手党往往将哈希卖给阿尔巴尼亚人，阿尔巴尼亚人再利用其国际关系，转运到英国和欧洲其他国家。

此外据说，阿尔巴尼亚黑手党竟然时常勒索世界各地的移民同胞，向他们施加压力和影响。"阿尔巴尼亚黑手党有自我扩张的巨大能量。很多时候，正派的阿尔巴尼亚人被胁迫帮助阿尔巴尼亚黑手党，"一位专家指出，"假如在某个国家中没有其他的阿尔巴尼亚犯罪分子可利用，黑手党就通过对国内亲属施压的手段，强迫守法的阿尔巴尼亚人来协助犯罪。国内的那些亲属很少或根本得不到警察的保护。"

我们离开海滩，回到了杰瑞的四轮驱动车里。他看起来有点不自在，神情紧张地对我说："你他妈的不会把我坑了吧？假如那些该死的阿尔巴尼亚人认为我告发了他们，他们会把我的脑袋砍掉的。"

第二十章
走私大师托尼

任何一本揭示哈希黑社会秘密的书,如果没有包括托尼(Tony)的非凡经历,都将是不完整的。托尼是一个走私集团的大佬,在英国黑社会十分知名,他大概是继传奇人物霍华德·马科斯[①]之后的英国最成功的全职哈希走私犯。托尼现年七十四岁,早在1970年代初即开始用卡车从印度和阿富汗走私哈希。他的运输公司是一家合法企业,表面上主要是从这些国家进口水果,但每一批货运里都藏有价值数百万英镑的哈希。

托尼是哈希贸易中的一个罕见的人物。年轻时,在1950年代末至整个1960年代,他是一个银行抢劫团伙的成员,活跃在伦敦东南部和肯特郡。他甚至还跟火车大劫案的匪徒结伙,恰在1963年他们实施所谓的"世纪犯罪"之前。自然,在大劫案中,托尼的角色是

[①] 霍华德·马科斯(Howard Marks,1945—),威尔士作家和前毒品走私大亨,因轰动国际的大麻走私案而恶名昭彰。据知在他的犯罪生涯的巅峰期,一次可走私多达30吨的货物。而且,他跟美国中央情报局、爱尔兰共和军、英国军事情报部门和意大利黑手党都有关系。他最终被美国药物管理局定罪,获二十五年徒刑,服刑七年后于1995年4月被释放。

负责运输，也就是说他等候在汽车里，然后开车带着强盗们飞速逃离犯罪现场。

"那个年头的日子可真是滋润啊。我们这样的强盗被当作是流行歌曲明星，我们拥有大量的财富——酒、女人，莺歌燕舞。可我十分清楚，那是一种高风险的买卖，所以我睁大眼睛，不断地寻找比较安全的行当。"

"那时我对毒品一窍不通。我和我的朋友都觉得那是魔鬼的糖果。我们从来不碰一片阿司匹林，更别说是可卡因了。我们嘲笑吸大麻的人，管他们叫做'傻瓜嬉皮士'。"

但是，托尼说，1960年代末他在监狱短期服刑期间，对毒品的态度发生了转变。"在监狱里，我第一次接触到那玩意儿。我甚至抽过一些，来帮助自己消磨时光，但从来没有像其他很多人那样真正上瘾。我总是更喜欢来杯威士忌加啤酒，如今还是这样。"

"但我在监狱里的确意识到了，那种毒品将要在世上大行其道，很快就会成为人人追逐的东西。我是个机会主义者，我想从中捞到油水，所以出来之后不久，我就跟我认识的另一名恶棍共同策划，设法从黎巴嫩买了一大批哈希。当时，黎巴嫩的哈希是举世闻名的。"

"唯一的问题是，怎么把东西从黎巴嫩运回来。我们确信是以最低价买进的，但我们并不想被一帮狡猾的走私者坑骗，他们会索取高昂的'运输费'，而且还可能偷走一半的哈希。"

"于是我就研究，通常从黎巴嫩出口到英国的是什么东西。当时是柑橘。嗯，就那么敲定了。我便派了一辆货车去装载一些柑橘，将哈希藏在柑橘的下面。"

托尼认定，使这门生意正常运转的唯一途径，即是成立一个合法企业。于是他就正式注册了一家运输公司，并且在专为运输哈希购买的贝德福德卡车的侧面，骄傲地漆上了该公司的标志。

"就像是一场梦。我和我的伙伴上了去黎巴嫩的路。那是一条破旧公路，我们经过了一些相当险要的地段，但没有碰到一丝其他麻烦。我们在贝鲁特（Beirut）装载了柑橘和哈希，通过多佛（Dover）海关，万事大吉。我当时就看清楚了，相比其他的坑蒙拐骗，这是个利润大得多的生意。"

然而，那时他的同伙不赞成做任何毒品交易，所以，托尼非常谨慎，不让大多数人知道他真正在干什么。"那个年代，我的人当中大部分对毒品十分反感，他们会认为我是贩毒甚至吸毒的人渣，我很担心有人会向执法部门告发我。"

托尼声称，在传统的伦敦恶棍圈里，他是最早转做哈希走私的人之一。"这在当时是一项冒险的行为，但我第一次做哈希交易赚到的钱，就再清楚不过地告诉了我，这就是我要做的生意。我淘到了金子。我就这么干上了瘾。毕竟当时是那么容易做，被抓到的概率几乎等于零。"

五年之内，托尼的公司便发展为拥有十几辆货车，除了通过哈希走私获得的巨额回报外，合法进口的水果和蔬菜也能盈利。"很好笑，我的同伴中没人真的意识到我实际上在干什么，他们只以为我的合法运输业务赚了大钱。我很乐意保持这种方式。"

托尼真正担心的是，当时主宰伦敦犯罪领地的一个家族可能会试图抢走他的生意。"我不蠢，我知道有人盘算着我的公司，想发现我究竟为什么能赚那么多的钱。但我总是笑着打哈哈，说是水果和蔬菜的生意兴旺，绝大多数人都信以为真了。"

具有讽刺意味的是，恰恰是最后一起真正的大抢劫案给托尼的生意招来了麻烦。"1983年，我的一些老友们策划了布林克斯麦特（Brink's-Mat）抢劫案，抢走了价值2700万英镑的黄金。这是有史以来最大的一起抢劫案,警方全力围捕该帮派的所有成员,我自然成了一名主要的嫌疑犯,虽然我已经多年没有参与那个游戏了。"

"警察断定我的运输公司将一些金条运往了国外。就在一辆货车刚从土耳其返回时,他们突然搜查了我的公司,发现了车里藏着的哈希,我就被逮捕了,不得不关闭整个经营。就因为那么点屁事儿,我被判了五年。"

托尼直到今天仍然坚称,在黄金抢劫案中他是无罪的,但他却像一名真正的职业罪犯那样坦然地接受了监刑。"听着,我可能会,也可能不会允许用我的货车来运载黄金,但警察终究是要来找我的。他们知道我多年来一直在玩走私,他们总归会抓住我的什么把柄。"

三年之后托尼就出狱了,他又成立了另一家运输公司,不过,这次他比以往任何时候都更加狡猾了。"我百分之百地做合法业务,进出口水果和蔬菜。至少出狱后的第一年里我一直这么做。我知道,我不得不在一段时间里安分守己。那可是把警察气得够呛,因为他们确信我不干好事,在此期间曾三次搜查我,却一无所获。"

在那段时间里,托尼尤其憎恨警察。他解释说:"警察不停地骚扰我,坐在汽车里,在我家的大门口蹲着不走,可恶透顶。他们喜欢折磨我,但我知道,只要时机一到,我就会重新开始干,他们连味儿都闻不到。"

到了1990年,托尼身后的警察"影子"消失了。自从他被释放后,警察多次企图抓住他的新的犯罪活动,毫无斩获。"那个时候我就明白,回到哈希游戏中的最佳时机来了。在不到一年之内,我们运输的哈希就恢复到了公司关闭之前的数量。就像是玩魔术。"

现在,托尼承认,他终于把生意的步子放慢了。两年前,他将运输生意的主要部分卖给了另一个罪犯,那个人不久就被逮捕并因走私罪入狱了。"我不感到意外。那家伙根本不懂得如何正确经营，他的一个司机告发了他，他就被警方抓起来了。假如是我一直在运行那个公司，这种事永远不会发生。"

托尼承认，他仍然从事"小型的走私活动"，不过是两辆货车而已。"这比较适合于我。虽然水果和蔬菜价格已经下跌了很多，我还是能从哈希赚钱。上帝晓得，这年头难道还有什么人可以诚实地赚钱吗？这就是为什么我还是要继续做邪事。"

托尼补充说："从很多方面来说，我把我拥有的一切都归功于哈希。我不认为它伤害了任何人，我的感受是，相比倒卖那些白色的玩意儿，走私哈希并不是什么真的犯罪。"

托尼不愿意谈论眼下经营的细节，只是说："我保持规模小而紧凑，这种方式不易暴露。尽管我也搞不懂，为什么我还要待在这个圈子里。我应该享受安闲平静的退休生活了，可我喜欢那种匆忙劲儿。我太太认为我抽风，不停地唠叨要我把公司关了，但迄今为止我还不能洗手不干。"

托尼估计，所有这些事情中最具讽刺性的是，几乎所有他在伦敦南区的旧友要么已经死了，要么被关在监狱里了。"当初我玩哈希游戏时，他们嘲笑我，而当大多数人醒悟过来的时候，已经为时太晚。多数人做上了可卡因买卖，这对他们来说似乎是个容易的选择。然而，可卡因是跟哈希完全不同的一种游戏，利润更高，风险也更大，这就是为什么很多人为此丢了性命，或落得长期监禁的下场。"

托尼又说："我是一个老头子了，还待在这个年轻人占大多数的行当中，但我告诉你吧，我深谙这门生意的所有诀窍，我或许只是再做上几笔，然后就急流勇退了。"

托尼又停下来思索了片刻："也许不会。"

第五部分

执法部门面临的困境

据世界各国的执法机构声称,为铲除哈希走私犯罪活动,他们每年的开支总计超过10亿美元,然而,收效甚微。

洛杉矶一家药房的经理正在检测大麻花苞

一年到头的每一天里都至少有一千艘船横渡直布罗陀海峡。对这么多的船只进行有效的监控是极其困难的。英国和西班牙之间有关直布罗陀巨岩的所有权之争让事情变得更加困难。哈希的秘密黑社会充分利用这一"薄弱环节",在这一狭长水道担任巡逻的各种执法机构之间钻空子,许多走私船只得以躲过稽查。事实上,当英国和西班牙政府就巨岩的所有权争执不休时,走私者似乎成为唯一的赢家。正如一个哈希黑帮头目所形容的:"有时候我觉得,直布罗陀海峡是上帝专门为我们建造的。因为欧洲是世界上最大的哈希市场,这个海峡便利之极,是连接北非和欧洲之间的完美桥梁。"

2011年,在英国领海,英国皇家海军和直布罗陀警察与逮捕毒品走私犯的西班牙警方发生了冲突。皇家海军和警方的七艘船包围了西班牙海关的一艘船,企图从船上抢下摩洛哥的哈希走私歹徒。两艘船相撞时,西班牙国民警卫队一位官员的手臂受了伤。这一冲突加剧了两国之间的紧张关系。西班牙媒体声称,当时的情况"几乎酿成后果无法估量的冲突"。国民警卫队稍后发表了一项声明,称其成员遭受了"严重的侮辱、骚扰和威胁",并且谴责英国皇家海军和直布罗陀警察的行为"像是海盗，过去即已发生过多次"。

早些时候，2010年9月的一天，在直布罗陀巡逻的英国皇家海军驾着一艘巨大马力的喷气船追捕一名毒贩，进入了西班牙海滨的拉林尼亚度假胜地。目击者说，英国人的船追到了该镇的圣伯纳德（San Bernardo）海滩附近。该毒贩最终在西班牙的领土上被国民警卫队和当地警察逮捕。西班牙媒体报道，被捕的男子携带着数袋哈希。西班牙当局稍后指出，英国巡逻船此次进入西班牙境内后没有遭到火力射击，而每当西班牙执法人员有必要进入直布罗陀巨岩周围的英国水域时，情况就不同了。

接下来，我就要跟承受重重压力的西班牙国民警卫队会面，了解他们打击哈希大亨的情况。

第二十一章
西班牙国民警卫队

西班牙国民警卫队的历史悠久，担任的角色几经演变。它曾经是一个准军事组织，直到1975年独裁者佛朗哥将军死去。但是今天，他们的主要任务是在全国各地抓捕贩毒团伙。

国民警卫队成立于1844年，目的是在西班牙的乡村维持秩序，打击威胁君主制度和政府的蓄意造反者和土匪。统治当局需要树立权威，打击无政府主义势力，国民警卫队非常适宜担当这一任务，其威慑名声使之成为很多人憎恨的对象，尤其是在西班牙南部偏远的安达卢西亚，那里居住的大多数是犹太人、阿拉伯人和吉普赛人，他们以藐视权威而著称于世。在20世纪的头三四十年里，国民警卫队使用所谓的"快速反应"骑兵小队，严厉打击掌控山路的"剪径强盗"。直到1934年，剪径强盗才被国民警卫队彻底剿灭了。

在西班牙内战期间（1936—1939），国民警卫队几乎分裂为力量均等的两部分，分别效忠于执政党和造反的民族主义组织。或是取决于它的各个军营的位置，或是为了战术行动的需要，国民警卫队为敌对的两方作战。但是在战后，国民警卫队成为佛朗哥将军的一支武装力量，对最有可能滋生持不同政见者的乡村地区实行严密的控制。

即使到了1950年代后期，在西班牙对外开放旅游业之后，佛朗哥仍继续使用铁腕手段，镇压任何反对政府和不满现状者。在"二战"结束后的三十年中，国民警卫队一直是一个令人畏惧的军事组织。然而，在佛朗哥死后，国民警卫队几乎从公共视野里消失了，当它再次出现时，其职责即变成了追查和打击毒品罪犯和恐怖分子，包括巴斯克分裂主义运动的军事组织ETA①。ETA曾经谋杀了数十名国民警卫队军官，他们有的是在家中被暗杀，有的是在公共场合被刺杀。当今，国民警卫队也负责交通管理，并且具有全国范围内的特殊职权，对付有组织的犯罪，包括打击从非洲到西班牙的人口偷渡活动。

国民警卫队的一个最大的缉毒部门设在南部港口阿尔赫西拉斯，与摩洛哥隔海相望。警卫队使用超高速机动艇在海峡中不间断地巡逻，搜寻任何可疑船只。这是一条极其繁忙的航道，警方承认，他们不可能检查每条可疑的船只，不过，在港口附近的警卫队总部的操作室里，他们通过雷达和精确定位的长镜头遥控摄像机，对该海域进行全天候监视。

在操作室里，雷达屏幕上缓慢移动的大量绿色斑点显示，每时每刻都有数以百计的船只在西班牙大陆、摩洛哥和直布罗陀巨岩之间穿行，这足以概括在这种繁忙航道维持治安的困难程度和存在的巨大问题。

在大多数情况下，受过专门训练的国民警卫队官员根据雷达屏

---

① Euskadi Ta Askatasuna，巴斯克民族主义者和分裂主义者的一个武装组织。该组织自1959年成立以来，逐渐从促进巴斯克传统文化演变成以建立独立的大巴斯克国家为目标的一个准军事集团。

幕上的斑点形状，即可判断出船只的类型。但官员们知道，走私者经常使用"幌子船"来迷惑国民警卫队的监测系统。一名官员告诉我："他们往往是先送一只空船过来，希望它会被雷达瞄上。然后，当我们派出巡逻艇去拦截这只船的时候，实际装载着毒品的另一只船就利用我们转移注意力的机会，悄悄地溜过去了。"

国民警卫队承认，对付如此大量的走私船只，他们力不从心，若是能抓获跨越海峡的大约百分之十的走私者，就算是达到最高的期望值了。在造访他们的那天，我也看得很清楚，国民警卫队并不认为哈希走私是"严重的犯罪"，理由是大麻比可卡因和海洛因之类的毒品危害要小。

"有时候，我们不得不将对付可卡因和海洛因走私放在比哈希更重要的地位，"一位官员解释说，"这并不意味着我们不会狠狠地打击哈希黑帮，不过，我们得正视现实，可卡因是一种危险得多的毒品，所以，抓出它们背后的那些坏蛋比抓捕玩哈希游戏的男孩更要紧。"

在阿尔赫西拉斯的港口，国民警卫队也经常从来自摩洛哥的车辆中查出哈希。另一名军官说："我们知道他们所有的诡计，在渡轮上抓他们比在海上容易得多。大量的走私者使用面包车或小卧车藏哈希，它很容易被我们的嗅探犬发现。即使哈希始终被严密地包裹在保鲜膜里，并且涂上护发素以掩盖气味，只要是有一个人的指尖无意中触及了车身，就逃不过嗅探犬的鼻子。"

我跟国民警卫队的人一起在阿尔赫西拉斯港的当天，其边境巡逻警察正是利用嗅探犬缉获了一批哈希货。当一辆西班牙的汽车通过丹吉尔来的一艘渡轮抵达后，嗅探犬闻到车身上有哈希气味。仅仅依据那个疑点，国民警卫队就有正当理由进一步搜查，他们立即在边境的驶入车库里拆开了那辆车。结果发现了价值20余万欧元的严密包装的哈希,藏在乘客座位的底层。官员们后来说,走私犯把哈希藏进汽车里的时候,无意中触摸了车身,将手上的哈希味沾到车的外面了。

那辆载人汽车的驾驶员是一名西班牙男子,随行的还有他的妻子和一个小孩。

国民警卫队的一名官员说,由一个家庭携带毒品进港的案子"十分常见"。"走私犯认为那样使他们看起来不大可疑,从某种程度上说的确是这样。可是我历来都感到很吃惊,一个做母亲的人怎么会让自己的孩子陷入这种危险的境地呢?"

在不到200米外的停车场里,国民警卫队便衣人员正在搜查一辆沃尔沃铰接式大卡车的底盘,他们怀疑车里藏有大量的哈希。卡车的主人是一个留长发的西班牙司机,名叫"天使",他站在30米开外,被上了手铐。官员们拒绝透露是怎么获得关于这辆走私车的情报的,但他们肯定是接到了举报。

一名侦探解释说:"我们都知道,走私者有时会向我们举报有关哈希货运的信息,这是由于他们相信以'牺牲'一批货运来做掩护,另一批大得多的货会溜过去。丢卒保车嘛。当然,正是由于他那些所谓朋友的出卖,被告发的那批货的贩运者将蹲进监狱,他们都很高兴用他来换取更大的货运成功。这真是一个冷酷无情的行当。"

一群便衣官员围在大卡车的四周。其中之一跪在一只轮子的旁边,从车轴底下往外拽什么东西。他一边使劲拽,一边叫骂着。突然间,他发出了欢呼声:"哈哈!"大功告成。他们发现了要找的东西——用塑料包装的几十块哈希砖从车底下掉了出来。

官员们相互庆贺。大量的哈希小砖纷纷滚落在地,仿佛是卡车拉了一大堆粪便,简直是一个奇观。

那一卡车的哈希价值总共超过100万欧元。侦探们坚信,这次他们接到的情报不是黑帮出于战术目的而为。"他们为什么要故意损失100万欧元的哈希呢？不，这是对走私者心怀怨恨的人寻求报复。"

三个便衣人员开始小心地将哈希砖整齐地堆摞在卡车的一只轮子旁边。此时，给我当向导的官员接到了一个手机电话。

我的向导兴奋地解释说，国民警卫队的一艘绿白相间的摩托艇在海港的另一边拦截了一条船。雷达监测人员注意到它转向异常，而且离岸边非常近。当国民警卫队接近那条船时，他们看见三个男子从船上把木箱子似的东西扔进海里。

当国民警卫队的摩托艇更靠近时，那几个男子跳进了浑浊的海水，向岸边游去。摩托艇在波涛汹涌的海里无法靠近岸边，他们眼看着那几个男子从附近的海滩逃走了，便用无线电通告同事，让他们协同搜捕。同时，摩托艇上的官员登上了被遗弃的那条船，发现它空空如也，但他们确信，早些时候被扔下海的箱子里必定装有毒品。

我们接到了电话，要我们乘另一艘较小的艇前去现场。抵达之后，我们看见国民警卫队的两名潜水员从海里捞出了两只箱子，里面装有数百个严密包装的哈希砖。目睹潜水员一次又一次地浮出水面，不断地打捞出更多的箱子，令我产生了一种超现实的感觉。

但是，为什么走私者试图在这里卸货呢？他们的船被发现的地点距离国民警卫队边境管理局的大楼仅约500米。一名官员解释说："他们也许认为不会被怀疑，因为是在光天化日之下，而且离我们的基地这么近。说实话，出于同样的理由，假如他们不是在一个地方停留得过久的话，我们的确是不会打搅他们的。"

我们聊着，船在波涛中颠簸，警察将更多的箱子打捞了出来。

第二十一章 西班牙国民警卫队

此时，三辆国民警卫队的巡逻车出现在对面的狭长地带，但那几名男子早已不见踪影。"这是另一个问题，"一位官员补充说，"他们知道可以逃得掉，因为离岸边这么近。甚至还可能有一辆汽车停在附近什么地方来接应他们呢。"

我跟国民警卫队在一起的那天，最惊人的事实就是，在他们坚称的"不过是一个很普通的日子"，就缉获了三大批哈希走私货。

如此辉煌的战果，令我印象深刻，直到一位高级官员点破了一个事实："你想想看吧，我们今天虽然成功地截住了三批哈希货，但是，大概有十倍多的货溜过去了。"

回来在码头边上，国民警卫队的两只摩托艇停靠之后，一群官员卸载了从海底打捞上来的哈希箱子。当最后一只箱子摞上去之后，指挥官乔治·菲格拉（Jorge Figuera）雄赳赳地向前迈了一步，当着我的面，从腰间拔出一把巨大的狩猎刀，朝紧裹的哈希砖刺去。待他拔出刀来，刀尖上沾了一点褐色的物质，他凑近鼻子闻了闻。

"唔——，这是高档哈希，毫无疑问。"菲格拉听起来更像个毒贩，而不是一名警察。"那些混球竟然如此胆大包天，以为他们能够在世界最繁忙的港口之一，在我们的眼皮底下偷运这些货。他们不是疯子就是笨蛋。也许两者都是！"

他的话音刚落，有消息传来，那三个跳船后游上岸的男子，躲在附近的一个废弃仓库里，终究还是被国民警卫队逮住了。官员们立即欢呼起来，尤其是当他们听说那三个人毫无抵抗就投降了。

半个小时后，菲格拉邀请我到码头旁边的国民警卫队的主楼去。当我们走进办公区时，我注意到三个浑身湿透的邋遢男人，坐在一张桌子的前面，看起来好像在跟对面的便衣侦探友好地交谈。

菲格拉不无骄傲地指出，他们确实就是从那条哈希走私船上跳下海的人，正在接受"审问"。不过在我看来，所谓的"审问"更像是聊天，其中两个嫌疑犯坐在那里抽着烟。他们都显得非常轻松，甚至仿佛解脱了似的。

菲格拉解释说："在西班牙，我们尊重所有的罪犯。他们也是人，他们很可能得要养家糊口。当然，他们把自己搅进了犯罪活动，但国民警卫队里有很多人觉得，打击哈希帮派占用了我们太多的时间。我们应当集中精力对付所谓的大家伙：恐怖分子、可卡因和海洛因走私集团，以及人口贩子之类。"

菲格拉似乎也想强调一下哈希走私犯罪的"严重性"，他形容说："哈希在西班牙比比皆是。在街道上，在人们的家里，甚至在商店和餐馆里。也许是将它合法化的时候了，还是让我们来对付其他真正邪恶的歹徒和恐怖分子吧。"

我一面听菲格拉说着，一面进一步观察那三个哈希走私嫌疑犯和所谓的审讯员之间的互动。突然，一个嫌疑人站了起来，走到一扇门的后面去了。竟然没人对此有任何反应。三四分钟后，该男子又回来了，显然是去上厕所了。

我问菲格拉，对被抓的这几个人会怎么处理呢。"哦，如果他们是西班牙人的话，他们大概会认罪，服上一个短刑，然后再返回哈希的世界，我猜是吧。如果是外国人，就很可能被拒绝保释，直到交出至少1.5万欧元的保释金。然后，他们便可以换回自己的护照，在释放之后数小时内就必须离开西班牙，没什么废话可讲。"

根据以前同西班牙当局的接触，我已经了解到这一点，当局要求涉嫌毒品犯罪的外国人支付一笔巨额担保，才能获得保释，随后要求他们立即离开该国，且永远不得返回。我认识三个英国毒品走私犯都是这样被赶出了西班牙。对于其司法和监狱系统来说，这种处理方式是最经济划算的。

一名国民警卫队官员承认:"这样做是有道理的,它为西班牙的法院和监狱节省了大量开支,而且我们国家永远地摆脱了这些外国罪犯。西班牙正处于严重的经济衰退之中,我们为什么要浪费金钱来关押外国囚犯、支付他们在法庭上的律师费呢?"

第二十二章
摩洛哥侦探老莫

摩洛哥警察的奸猾诡谲是有名的,他们与毒品走私集团勾结的记录历历在案。因此,当我准备去会见一名刚退休的摩洛哥侦探时,心中颇有些忐忑,我不敢肯定是否应该信任他。

摩洛哥警方和哈希黑帮的关系十分密切,同1970年代英国的情况有些类似,当时伦敦特警队的精锐侦探部跟一些恶名昭彰的抢劫犯相勾结,最终陷入贪污受贿大案。那件重大丑闻在伦敦引起的震荡至今尚未完全消失。

这个前侦探的名字叫莫,我安排了在丹吉尔港最大的一家咖啡馆里跟他碰面。老莫原来是一个非常友好的人。他一张口便向我坦承,他曾被指控接受贿赂,给赶出了警察部门。他谈及此事时,语气平和得像是在唠家常。不过,老莫坚称,事实真相是,因为他跟上司的妻子发生了暧昧关系,所以才受到了政治上的诬陷。

"摩洛哥跟伦敦非常不同。这里的警察工资微薄,办公设备陈旧,连电脑都有十几二十年了,我们从来都没有足够的时间来对付犯罪。假如丹吉尔这里发生了一起谋杀案,上司只给我们两三天的时间办案,然后就不了了之,坚持让我们转去干其他的事。"

我早先从两个哈希中间商莱夫和法拉那里听说，老莫以前驻扎在凯塔马，所谓通往里夫山区的哈希王国的门户。回忆起在凯塔马的日子，老莫摇了摇头："啊，是啊，凯塔马。那段日子很不好过，因为哈希歹徒们不喜欢我待在他们的镇子上。"

老莫认为，他之所以被派去凯塔马工作，是由于他在丹吉尔的侦探局里无意中发现了一个巨额毒品走私阴谋，跟犯罪集团串通一气的那些侦探不想让他"挡道"。"我猜，他们希望我落到凯塔马的毒枭手里丧命。"老莫苦笑着说。

他承认，在凯塔马的三个月里，他多次接到过死亡威胁，假如他企图关闭附近山区的哈希农场的话。"我是一名现实主义者，如果哈希黑帮警告你远离他们的地盘，比方说凯塔马，你就得乖乖地按照他们的要求去做，否则他们会割断你的喉咙。"

像我与之交谈过的很多摩洛哥人一样，老莫深信，只要凯塔马和里夫山区继续生产哈希，那个地区就将"保持独立自治"。他解释说："哈希是里夫山区老百姓的生命线。我刚到凯塔马时，他们蛮可以轻而易举地杀了我，把我的尸首扔进山谷里喂狼。可是他们很明智，让我留在那里，但确保对我的一举一动了如指掌。比方说，我跟丹吉尔的警察通电话，电话还没打完他们就已经知道了。我在镇子里到处都被人跟踪。他们甚至派人晚上守在我住的公寓外面，确保我不会溜出去。"

"我在那里工作，相当于两只手被绑在背后，这就是那里的办事方式。不过，我学到了很多关于柏柏尔人的知识。他们骄傲、神秘，而且也非常聪明，有组织。他们明白山里有自己的'王国'，他们要让这种局面保持下去。"

老莫继续说："在我和上司的妻子发生关系之前，我在警察部门被认为是前途无量的。我深受警察局长的器重，经常被派去负责处理疑难案件。但是我猜，我可能是过于自信了。我以为自己是无与伦比的，不管是在工作上或是跟女人。我的野心太大，可那并不等于我是一个坏人或坏警察。"

哈希罪犯和警察之间的关系到底是怎么样的呢？到底有多紧密呢？老莫踌躇了片刻，审慎地考虑他的答案："没有必要掩饰，说什么摩洛哥的警察里很少有人腐败。对许多人来说，接受贿赂是使他们有足够的钱来养家糊口的唯一方法。大多数时候，上司对此是知情的，然而他们装聋作哑，因为他们了解一线警务人员在经济上是多么拮据。"

"问题是，人人都知道哈希可以赚钱。没有人，甚至连国王本人，都不会做出任何危及哈希业的事。它在经济上至关重要。这就是为什么柏柏尔人被允许自治。没有人想减缓哈希业的发展，因为那将意味着成千上万的人失业，给这个国家带来灾难。"

老莫把很多有关哈希的弊端归结于外国来的黑帮，他们试图在摩洛哥设立走私集团。

"外国人跑到这里来，设法侵占我们的利益，我们不能允许。他们必须了解和尊重这个国家，而不是试图接管它。"

我想起了带我去里夫山区的英国"向导"思，他曾经告诉我，近几年来至少有六个荷兰人和英国人被杀死在山中，原因就是他们试图建立自己的直通欧洲的哈希供应链。

"你需要明白哈希黑帮的势力是多么强大，"老莫说，"他们在凯塔马和里夫地区运行地方政府。他们拥有当地所有的大企业。那里的人们深知，没有这些大亨，他们将面临饥饿和贫困。"

他听起来像是一个代表哈希大亨的公共关系专家。

"是啊，我认识这些家伙。我去过他们的家里吃饭。我了解他们在干些什么，但只要他们继续是该地区最大的雇主，就没人能惹得起。他们比平庸的政客们要聪明得多。他们知道如何让人们站在他们一边。"

老莫放低了声音，告诉我一个在凯塔马家喻户晓的故事。十年前，西班牙的一个犯罪团伙被柏柏尔人全部杀光了。"西班牙人抵达后几个小时之内，柏柏尔毒枭就得到了消息。他们派出一队人马，到了西班牙人住的旅馆，将他们装进两辆卡车，驶进了山里。从此这些人就永远地失踪了。"

前警官老莫对我讲话时，神态变得越来越怪异，声调也不断提高。我又注意到他在流鼻涕，而且似乎非常躁动不安。当他在一个小时内第三次去上厕所时，我得出了结论：老莫可能吸了可卡因。

结果是，谈话的主题好比是火上的椋鸟，跳跃不定。他突兀其来地开始谈起自己经常抽哈希。"听着，哈希没有什么不好，它可以帮助人们放松。我认为，更多的人应该抽它，那么，这个世界可能会变成一个比较快乐的地方。在警察局的时候，我们习惯在结束了一天的工作之后，尽情地享受一支烟卷。告诉你吧，我们抽的哈希全是高档货，是从走私犯那里没收来的！"

接着，关于我在摩洛哥的旅行，老莫透露了一个令人心惊胆战的内幕。"我确切地掌握你整个旅途中的每一步行踪。就像对许多作家或记者那样，当局要求警察盯着你。我们摩洛哥人不想让人写什么有关我们的负面东西。"

我问他，那么，你想让哈希合法化吗？

"这是一个棘手的问题。我觉得，最好还是保持现状吧，因为如果合法化了，大公司就会介入，里夫山区很多可怜的人就会失去工作。哈希在他们的心中根深蒂固，是他们文化的一部分。就这么说吧，在凯塔马，哈希被看作是该地区的经济命脉，没有人认为它是一个犯罪行业。"

接着，我问他，摩洛哥国王本人是否也抽哈希呢？老莫不由地笑了："这不可能。国王太严肃、太谨慎，他是不会抽哈希的。不过有时候我觉得，如果他抽的话，他可能会更放松一些。"

交谈接近尾声时，情形变得颇为尴尬，因为老莫挑明了说，对这次面谈，我应当付钱给他。我试图转移话题，他显得很烦躁。我不接他的话茬儿，可他受了可卡因的刺激，不肯轻易放过我。于是我解释说，面谈的费用不在这本书的预算之内。

"你知道吗，我的朋友，"老莫的神经绷得更紧了，他说，"你们这些人跑到这里，试图搜集什么东西来侮辱我们的国家；而且你们甚至不理解，我们的时间是有成本的。"

他没有再多说什么，站起身来，含糊地朝我点了点头，便三步并作两步地走出了咖啡馆。

很幸运，直到会面快结束时他才索要报酬。我敢说，假使一开始就知道我没钱，他恐怕早就掉头而去了。

第二十三章
英国执法部门的努力

　　英国皇家海军在直布罗陀海峡巡逻，缉查出大量的走私毒品。他们估计，每年全世界约七成的哈希货运穿越这一水域。因此，这个海峡被冠以"大麻高速公路"的称号。在这片水域上，皇家海军用更多的时间来缉查涉嫌的贩毒船只，而不是保护直布罗陀，防范海上入侵。近年来，堵截毒品登上英国海岸或任何海岸，已经成为皇家海军及其下属的皇家辅助舰队和舰队航空兵的主要使命。

　　皇家海军的一艘驱逐舰及一艘护卫舰时刻驻扎在直布罗陀，担任对北大西洋的定期巡逻，以及在巨岩附近的英国领海截停和搜查嫌疑走私船只。该地区的哈希走私贩经常使用毒品贸易中所谓的"快行船"（go fasts）——一种满载毒品和燃油的充气快艇——以逃脱当局的缉捕。

　　直布罗陀政府本身的海洋警察部门（RGPMS）也协同皇家海军在此水域巡逻。他们有两艘专门建造的较小的新型艇，很适合在巨岩附近的浅水区巡逻，对打击毒品走私等犯罪活动发挥着关键作用。其中一艘巡逻艇是全天候航行器，由四个舷外发动机提供动力，并配备了全封闭的舱室。另外一艘没有封闭的驾驶舱，但配有一只硬篷用以保护乘员。这两艘13米长的艇上均配备了诸多安全设施——包括液压悬浮座椅，因此能够在波涛汹涌的大海中高速航行。

然而，对于有关直布罗陀巨岩的毒品及犯罪问题的媒体报道，皇家海军和直布罗陀警方表现得非常敏感。直布罗陀的一名退休警察解释说："这里仍然是狡猾的犯罪分子和毒品走私者的温床，但直布罗陀政府不想鼓励任何人公开地这样讲，因此，他们将毒品走私的实际情况加以淡化。"

于是，我就回到了英国本土，去搜集有关英国人对付哈希黑社会的第一手资料。

******

在英国，阻止走私哈希涌入该国的任务由英国边境管理局（UKBA）承担。该机构成立于2008年4月1日，是由英国边境管理和移民局（BIA）、英国签证局（UK Visas）以及税务和海关总署（HM Revenue and Customs）等机构的职能部门合并而成。决定成立这样一个统一的边境管理机构的目的，是要收紧对英国边界的控制，阻止各种走私商品——包括哈希，进入英国。

英国边境管理局共有2.3万名工作人员，分驻于130多个国家。海外人员主要负责审核签证申请，经营情报联络网，作为英国入境控制的第一道关卡。该机构的主要任务是，通过在英国边境设立一道基本防线，全面调查毒品走私活动，监控进入该国的所有人员和货物。凭借着22亿英镑的预算，英国边境局足以成为打击哈希走私活动的有效力量。

但是，在为撰写本书而做调查的过程中，我采访的大多数英国哈希黑帮均声称，边境管理局对阻止哈希涌入英国而付出的努力微乎其微。边境局无疑不会同意这种说法，他们近年来一直在大肆宣传所谓的"严打"毒品行动。

不同于西班牙国民警卫队，英国边境管理局很不情愿对我的研究提供帮助。这是令人沮丧的，因为最近几年来，边境管理局实施了一些非常戏剧性的高调缉捕行动，我希望能够采访那些参与者，直接了解他们如何打击哈希以及更危险的A类毒品走私的细节。

最终，我追踪到了一个老关系。在被合并到边境管理局之前，他是英国海关和税务总署的毒品调查部门的最高官员之一。他的工作任务是到世界各地侦查哈希的供应路线，远至阿富汗和西藏。我发现，他是一个信息宝藏。在这里我们应该叫他罗伯特（Robert），以便保护他的身份，因为现在他仍然以自由职业者的方式，秘密地为边境局和世界各地的其他一些机构工作。

罗伯特解释说："近年来，在不少国家有放松打击哈希犯罪的趋势，以便集中力量对付A类毒品。但是在英国，我们始终坚信，哈希是那些更烈性的毒品和毒瘾问题的一个不可避免的初级阶段。哈希本身也许不那么有害，但犯罪分子走私它获得的利润是巨大的。而且我相信，这些走私者中的很多人同时也走私A类毒品。"

罗伯特继续道："我知道，这听起来可能有点过时，但我们过去和现在一直都这样认为，哈希绝对值得我们注意。它滋养了很大一部分黑社会，需要认真和有效地对付。很坦率地说，在这一点上，我们在欧洲和世界其他地区的伙伴简直是毫无用处。他们根本没打算把哈希放在优先地位。我多次注意到，当我试图跟打击毒品的所谓合作伙伴讨论这个问题时，他们基本上是充耳不闻。"

罗伯特说，他跟很多所谓的毒品输出国（如阿富汗、摩洛哥和墨西哥）打交道都是一场"噩梦"。"我跟那些地方的警察局长约定了会面的时间，我飞到那里，他们竟然踪影全无。我知道，他们当中的很多人都十分腐败，但你以为他们至少会走走过场，是吧？"

有一次，罗伯特追踪到一名英国要犯的一辆铰接式卡车，它由欧洲进入了土耳其，从那里装载了来自阿富汗的一批哈希货。罗伯特说："我们的计划是，全程跟踪那辆卡车，确保所有的哈希货完整无缺，直到它抵达多佛尔港。但问题是，在途经的大多数国家里，腐败警察比比皆是。所以我们决定，绝对不向沿线的警察部门透露我们的计划，以防大麻走私者听到任何风声。我们祈祷着，但愿卡车最终会安全抵达英国。"

罗伯特说，在接下来的十天里，他的团队一直掩护着那辆卡车。等它刚一驶上多佛尔港的渡轮坡道，便立即被截住了。

"那次行动非常可能以失败而告终。我痛恨所有那些国家所持的态度。毫不奇怪，犯罪集团认为与可卡因相比，走私哈希是一个'安全'的选项。"

罗伯特目前担任数个国家的防范和打击毒品走私活动的顾问。"那简直令我跌破眼镜。很少国家有明确的反毒品政策。大多数的国家，简单地说，就是没有财政能力来尝试打击毒品走私。我往往被雇来训练一线的官员如何发现毒品货运，但是，这只是防范措施的一小部分。你需要足够的资金和技术资源，才能真正使毒品走私犯罪受到一点打击。"

罗伯特对未来不抱乐观态度。"我认为，大批的外国黑帮涌入英国、法国、西班牙和意大利，已经导致了大量劣质娱乐性药物流入这类国家。这些罪犯不择手段，尽可能攫取最大的利润，同时也使自己恶名昭彰。他们试图创建一个巨大的市场，里面充斥着不合标准的、危险的劣质药物，其中包括哈希。像英国这样的国家，已经涌入了比以往多三倍的哈希。"

而且，罗伯特说，执法部门很少有，或是根本没有机会打入到这些黑帮中去。他解释说："这些犯罪团伙组织严密，越来越难以渗透。警察和其他部门办案主要依靠告密者，而现在告密者日益稀少，从东欧来的黑帮是一群冷血动物，其他犯罪分子都不敢招惹他们。"

三年前，罗伯特跟阿富汗警察签了六个月的合同，试图协助他们在这个饱受战争创伤的国家铲除哈希走私。"那简直没有半点意义。我觉得，阿富汗政府雇用我只是为了取悦美国人。当地没有任何人在乎哈希的非法性，甚至拿海洛因也不当回事。许多农民向西方销售哈希已经有三十年，甚至四十年的历史，他们认为，哈希同其他作物没有什么区别。当地的绝大多数警察对此也持完全相同的观点。"

罗伯特认为，阿富汗政府默许种植大麻，是因为它雇用了成千上万的阿富汗人。"这跟摩洛哥的情况类似，但规模稍小，"他解释说，"我竭力向阿富汗警察阐释西方对毒品的态度，可是，连那里的最高官员都把我看成是神经不正常。"

不过，直到有一次罗伯特去当地首席警官的家里赴宴，他才切身体会到了他们的这种截然不同的态度。他说："那是典型的阿富汗式的慷慨好客。在那个警察局长的家里，他的家人和朋友为我准备了一顿美味大餐。我看到他们为准备丰盛的晚宴付出了那么大的努力，觉得实在是不敢当。"

随后在餐桌上，警察局长的两个成年儿子坐在了罗伯特的两侧。"你知道他们做了什么吗？他们各自点燃了一支哈希烟卷，当着我的面抽了起来。我不知该说什么才好，所以就佯装没看见。但是紧接着，那个警察局长向我点明他的儿子们在抽哈希，我才意识到那是刻意安排的。他们试图说服我：哈希是阿富汗社会正常生活的一部分。"

罗伯特总结说:"我不知道我们西方人如何才能克服对大麻的反感态度。有时我甚至相信,如果将娱乐药物合法化,事情可能会好办得多,我们至少可以更严格地控制它们。不过,在我的有生之年,我看不出政客们会赞成那么做。尽管他们最终会的。"

第六部分

关于全球哈希贸易的调查

据估计，如果吸食哈希的人口保持目前的增长速度，到21世纪末，其总数将达十亿之多。

位于荷兰的大麻博物馆

第二十四章
世界各国哈希交易一瞥

阿富汗

联合国最近发表的关于阿富汗大麻的调查报告显示，阿富汗的大麻种植面积在1万—2.4万公顷之间。虽然其他有些国家的大麻种植面积更大一些，但阿富汗的大麻作物可产出的哈希量十分惊人——每公顷可生产145公斤的哈希（与其相比，摩洛哥的大麻每公顷约可产出40公斤的哈希），使之成为世界上最大的哈希生产国。联合国调查披露，阿富汗的一半省份里都有大型的大麻种植园，在那里，培植1公顷大麻作物的成本只是培植1公顷鸦片罂粟的三分之一。联合国敦促阿富汗当局为农民找到其他合法的经济作物来获得收入；但是，只要全球市场对哈希的需求继续存在，实现这个目标的希望就十分渺茫。而且，像世界各地的很多恐怖主义集团一样，塔利班用以对抗联军的战争开支据说是由哈希生产资助的。

阿根廷

哈希在阿根廷是一种极受欢迎的娱乐药物。2012年初,在米申纳(Missioner)省内偏僻的沿海公路上,阿根廷海军截住了一辆货车,发现它是在海滩"接货"——超过一吨重的哈希。附近还发现了一艘被遗弃的船。最终缉获的毒品包括822块哈希砖,总重1047.49公斤,据说在公开市场上的价值至少是100万美元。

澳大利亚

澳大利亚的漫长海岸线很难监控,因此当局打击哈希走私活动的任务十分艰巨。他们取得了少数几次胜利,其中之一是2012年6月,在一场大规模的多地点同时突袭中,新南威尔士州的近一百五十名警员实施了十八项依法搜查,地点从悉尼郊外的邦迪(Bondi)和北卡博拉麦塔(Cabramatta),到塔格拉湖(Tuggerah Lakes)、福斯特(Forster)和塔姆沃思(Tamworth)。警方一共拘捕了18人,缉获了20多公斤的哈希。

巴厘岛

巴厘岛极力维护其作为一个安全和平的度假岛的声誉,严厉警告哈希吸食者和走私者:如果他们被抓获,将被判处死刑。最近有两名俄罗斯游客被捕,假如罪名成立,便将面临死刑。其中一名是个三十来岁的瑜伽师,从马来西亚首都吉隆坡抵达巴厘岛后被捕,他的胃肠里有八十八粒哈希胶囊。两天后,另一名俄罗斯公民,四十三岁的艺术设计师，吞咽了三百五十九粒哈希胶囊，也在巴厘岛机场被捕。这两个人都是从印度购买的哈希。官员说，毒品的总价值估计为9.66亿盾（折合10.53万美元）。

2012年，在邻近的印度尼西亚，一个五十七岁的荷兰人在龙目岛（Lombok）的机场被逮捕，他来自新加坡，在行李箱衬里夹藏了3.7公斤的哈希。如果被判有罪的话，他也可能面临死刑。

巴　西

在里约的臭名昭著的曼德拉（Mandela）贫民区里，毒贩们如今已经停止出售"快克"，转而踊跃地交易哈希，因为他们相信哈希对社区的"危害较小"。掌控贫民区的毒品大佬，他们往往在这里出生长大，声称"快克"影响了社会稳定，令他们很难控制这个长期以来被政府遗弃的社区。然而，执法部门和市政府将A类毒品犯罪的减少归功于己，认为毒品大佬不过是企图转移当局的注意力，阻挠警方从他们手中夺回对这一贫民区的控制权。

加拿大

在哈希黑社会中，加拿大的角色至关重要——它是通往利润丰厚的美国市场的门户。其结果是，在过去的十年里，哈希的缉获量稳步增长。与此同时，其国内市场需求也大幅度增加。最新的加拿大统计数据显示，在该国的哈希吸食者中，十五至二十四岁的人所占的比例最高。加拿大当局说，毒贩们以青少年为销售对象，导致了一系列恶果：毁掉了正常生活，扼杀了人的潜力，造成医疗保健费用上升、生产力损失，以及引发有关的犯罪及暴力行为，而且往往危及吸毒者的家人和朋友。2012年初发生在蒙特利尔的一个恶性案件中，四十八小时之内有三个人被杀，其中一个是街头哈希贩的头目。在多伦多，当局发现一个令人胆寒的哈希黑帮首领在监狱里安排从牙买加走私哈希，收买一个指证他的证人，并且遥控组织了对另一所监狱里的一名犯人的攻击行动。因此，当局认为将这个家伙释放出狱是十分危险的。

智 利

2012年10月，智利提出了将消费、拥有和种植大麻合法化的一项法案。在推出该法案之前，国会里的一名赞成者居然公开宣称自己吸食哈希，试图以此表明吸食不等于滥用。但是，他的言论遭到了保守的反对派的激烈抨击。保守派紧接着提出了一项"禁止在国会中吸食大麻"的法案。

中 国

在中国，大麻吸食者的数目稳步增长。据中国政府估计，中国有两百万至三百万吸毒者，其中至少有一百万人抽哈希。从历史上看，这些数字并不算大。1949年新中国成立时，估计有两千万吸毒者。新政权通过使用严苛手段，几乎在一夜之间就解决了国民的吸毒问题。

到了1980年代，随着对外开放，中国放宽了边境管制，毒品重新开始输入，但是直到新世纪之交，吸毒才真正在社会上风行起来。当今中国的反毒品法依然十分严苛，甚至严酷，被抓到买卖或者贩运即使是少量的哈希，也可被判处死刑。而与此同时，在这个国家的一些贫困地区，已经出现了秘密的哈希农场。据估计，在未来的二十年中，中国的黑社会性质组织将大大提高哈希产量，销售到世界市场。

哥伦比亚

早在1970年代末，在其可卡因生产变得更为知名以前，哥伦比亚是世界上主要的大麻生产国之一。如今，毒枭们试图重建往日的哈希荣耀。2012年夏天，在麦德林（Medelin）和佩雷拉（Pereira）两个城市，哥伦比亚警方在三天之内缉获了近1万磅（约4.5吨）大麻，"街头价值"估计为550万美元。

麦德林市，一度以可卡因走私以及传奇毒枭巴勃罗·埃斯科瓦（Pablo Escobar）的出生地而臭名远扬，如今正在成为一个新的"哈希之都"。2011年，警方发现一辆运载橙子的货车内藏了101包大麻植物，货物总重近6000磅。那批货物属于一个被称为"塞巴斯蒂安"的罪犯，他是埃斯科瓦创建的一个犯罪辛迪加"恩维加多"（Envigado）的头目，据说该组织至今仍然掌控着麦德林黑社会的大部分权力。

丹 麦

在丹麦主要掌控哈希生意的是"地狱天使"黑帮。2012年，该黑帮中的一支承认走私了3.6吨的哈希。法庭听证表明，丹麦警察的反犯罪团伙部门——东部专责小组，用监视录像拍摄到了四个骑自行车的人到不同的地点存放毒品。那个帮会的头目，五十三岁，拥有一辆跑车、大量现金、珠宝首饰和一幢别墅等资产，他早先声称自己的财富来自中了乐透大奖。在哥本哈根附近，一个名叫克里斯蒂安尼亚（Christiania）的僻静村庄里出现了一个小型的"哈希社区"。访客在那里可以公开买到各种品级的哈希。在主要街道的两侧，哈希块陈列在木制或塑料的摊位上，价格依据摊贩声称的质量而标定，从8到20欧元不等。克里斯蒂安尼亚不仅是一个卖哈希的集市，它也是一个自给自足的村庄，有居民住宅和一所学校，甚至还有一家酒吧。最近的一位访客将它描述为"哈希度假村"。

德 国

专家描述说，德国的哈希市场"稳定"，而且"非常开放"。当局对吸食者通常采取宽容态度。正如在丹麦，这里的许多哈希帮派来自"地狱天使"骑车团伙。2012年，警方突击搜查了"地狱天使"在杜塞尔多夫市设立的一个巨大的大麻种植园，它隐蔽在"二战"遗留下来的一个地堡里，配备有二十四小时的专业园丁队伍。

加 纳

哈希大亨将加纳变成了全球毒品走私的一个枢纽。从摩洛哥来的毒品经常是先向南穿越加纳和冈比亚，然后再向北返运到欧洲。一个哈希大亨在冈比亚被捕，之后逃跑到加纳避难。2012年初他被最终引渡回了冈比亚。

安全部门的调查揭示，这个毒品大亨曾经穿梭于世界许多国家，包括英国、法国、比利时、贝宁、保加利亚、罗马尼亚、斯洛伐克、厄瓜多尔、哥伦比亚、委内瑞拉、牙买加、阿联酋、塞拉利昂、多哥、冈比亚、塞内加尔、马里、科特迪瓦和利比里亚。

希 腊

克里特假日岛盛行制作哈希。在许多偏远的山庄里，警方执行巡逻任务的直升飞机或车辆经常遭到大麻种植者和经销商们的袭击，以至于希腊媒体将这一地区称为"希腊的哥伦比亚"和"国中之毒枭国"。

2010年，三名希腊警察在缉查一个哈希种植园时，遭到了伏击，被涉嫌的大麻种植者用AK47突击步枪打死了。该事件发生的地点是马莱兹村（Malades），距岛上最大的城市伊拉克利翁（Heraklion）只有15公里。这是该岛的哈希种植者在七个月内对警察发起的第二次袭击。希腊政府对此做出的反击是出动大批警察，挨家挨户搜查。警方拘捕了与伏击和系列银行抢劫案有关的十六名嫌疑人。结果却并没有发现任何哈希，也几乎没有找到任何用于伏击的重型武器。

危地马拉

哈希在危地马拉是个大生意。这不仅由于危地马拉是前往北美的理想落脚点，而且因为当地居民中有很大一部分人也抽大麻。

犯罪卡特尔——其中大多数都走私哈希，据说正在赢得数亿美元的毒品战。危地马拉政府承认，将他们大部分绳之以法的希望十分渺茫。总统奥托·佩雷斯·莫利纳（Otto Perez Molina）与世界上最恶毒的贩毒集团作斗争超过二十年，他说，现在是应该将各种麻醉品跟酒精和烟草同样对待，将它们合法化的时候了。在中美洲和南美洲，与强大的毒品卡特尔作战的很多执法官员也都同意危地马拉总统的这一观点，认为将烈性毒品合法化是两害相权取其轻的做法。

印　度

印度当局日益关注哈希生产与恐怖主义势力之间的联系。2012年的一次突出的打击行动拘捕了两名男子，他们的老板是该国最臭名昭著的哈希大亨，同时也是造成二百五十多人死亡的1993年孟买爆炸案背后的嫌疑主谋之一。印度声称，毒品—恐怖主义是对该国和全球的威胁。

美国国务院甚至公布了书面证据，揭露出该印度黑帮通常使用的哈希走私路线，它跨越南亚、中东和非洲——从阿富汗和泰国到美国、西欧、中东、拉丁美洲和非洲。

以色列

吸食哈希在以色列是一种流行文化，它往往被这一地区持续的暴力冲突蒙上一层阴影。在首都特拉维夫，警察均不打扰哈希用户和供应商。当地人消费的哈希大多来自邻近的阿拉伯国家，通过西岸走私进来，有些是大包装，封口印章上带有鹰的标记以及阿拉伯语的口号："我们是胜利者！"

意大利

由于拥有数以百万计的常用户，意大利对哈希的需求量不断增加。2012年7月，该国南部的警方在打击从西班牙进口毒品的行动中，拘捕了十个人，没收了7吨多的哈希。嫌疑犯被捕，并被指控为贩毒罪。警方最近还在北部的热那亚市缉获了7吨大麻，并且在境外逮捕了与此案有关的十三名嫌疑犯，其中有九个在加拿大，两个在巴基斯坦。

牙买加

数十年来，种植大麻和吸食哈希在这里一直是许多人的生活方式，但是近几年来，当局试图通过在家门口打击大规模的哈希生产，来"洗刷"该岛的负面形象。据说，多数被没收的哈希最终又找到渠道，重新流入了该岛的利润丰厚的毒品市场。不过，牙买加当局现在已经采取公开销毁行动，在首都金斯顿附近的荒地里将大量哈希付之一炬。

日 本

臭名昭著的日本黑帮参与哈希贸易已有数个世纪的历史。此一日本版本的黑手党自称是罗宾汉之类人物的后代，许多世纪前，他们反抗盗匪，捍卫自己的村庄。但是今天，日本黑帮是一个根深蒂固的、强大的犯罪网络，经营着二十二个犯罪辛迪加，有近八万名成员，每年收入达数十亿美元，其中很大一部分来自日本街头的哈希交易。

科威特

在这个因盛产石油而致富的王国，哈希的出现引起了官方的警觉。最近，两名科威特人驾车时因太接近美国驻科威特大使馆，被警察拦住了，他们涉嫌在车中藏有大麻。之后不久，另一名科威特青年因藏有大麻而被巡警逮捕，并立即被移交给了药物管制总局。

2012年6月，当局接到报告说，海岸警卫队的监视系统发现了一艘可疑的汽艇，它驶入了科威特领海。汽艇上的走私犯发现警卫队的船只接近时，在被逮捕之前将两袋货物（242公斤大麻）扔进了大海。稍后，走私货被潜水员打捞上来。

黎巴嫩

尽管首都贝鲁特的政治不断动荡，治安部门超负荷运转，经济亦很不景气，可是自1980年代以来，在臭名远扬的贝卡谷地的哈希种植园里，农民的收成却相当不错。据黎巴嫩警方估计，在贝卡谷地的烈日灼烤的平原上种有1.6万英亩的大麻。近年来，作为政府赞助的铲除方案的一部分，黎巴嫩军队试图摧毁贝卡谷地的大麻作物。但是，当地农民认为他们有权利种植大麻。愤怒的农民和哈希经销商拿起武器进行反抗，致使官方的铲除行动常常在混乱和流血之中结束。在黎巴嫩，哈希贸易涉嫌资助真主党（Hezbollah）恐怖主义集团。该党成立于1982年，已从一个局部地区的威胁发展为全球性的恐怖主义网络，他们被控犯有杀害美国人、以色列人、黎巴嫩人、欧洲人及其他很多国家的公民的罪行。

墨西哥

美国药物管理部门的官员确信，锡那罗亚（Sinaloa）——墨西哥最为暴力的哈希卡特尔，企图向英国、法国和荷兰扩展其经营活动。2012年，在得克萨斯州与墨西哥的交界处，英国严重有组织犯罪局（SOCA）的三名成员会见了美国有关方面的代表，共同商讨如何制止锡那罗亚在英国和欧洲大陆生根的问题。墨西哥的犯罪集团曾经试图在欧洲落脚，锡那罗亚则将黑手伸向世界各地，争夺进入全球哈希市场的权力。

尼泊尔

哈希吸食者熟知，尼泊尔是地球上最优质的手搓哈希的原产地。因此，在尼泊尔与其他地区尤其是欧洲国家之间，有一个规模相对较小但是非常赢利的哈希贸易。不过近几年来，尼泊尔哈希走私者的某些所作所为破坏了这一贸易的传统信誉。2012年在首都加德满都，警方在来自达丁市（Dhading）的一辆公共汽车上发现了一批片剂状的哈希，藏在一只装生姜的箱子里。走私者装扮为一个菜农，但在被举报之后，被执法官员抓获了。

犯罪分子甚至将他们自己的住宅也改造成了哈希工厂。

尼泊尔哈希通过印度走私给国际卡特尔。一个臭名昭著的黑帮将哈希货包裹在毯子里，通过印度果阿（Goa）偷运，最终落脚在不同的国家，包括美国、英国、加拿大、日本和德国。官员们相信，该国的很多大麻也通过专门的犯罪网络被运往中国。

新西兰

新西兰被认为是世界上人均消费哈希最多的国家。这意味着那里有一个庞大的市场，有关部门打击哈希黑帮的任务甚为艰巨。2012年7月的反毒枭战役中有一次罕见的突破，在多个城市，包括达尼丁（Dunedin）、皇后镇（Queenstown）和因弗卡吉尔（Invercargill），警察在一些房地产昂贵的高档社区，发现了价值数百万美元的大麻种植犯罪网。这个高度组织的帮派在新西兰已经经营了几十年，警方此次执行搜查令，缉获了价值约450万美元的哈希。

葡萄牙

2001年，葡萄牙成为第一个规定在其境内拥有所有药物（从大麻到海洛因）均为合法的欧洲国家。虽然许多批评者担心，药物管理政策的变化会刺激吸毒旅游业，同时令滥用烈性毒品的情况更加恶化，但是该国声称，这类现象并没有出现。

俄罗斯

不很清楚有多少哈希是在俄罗斯国内生产的，如果有的话。不过，最近的调查表明，当今有数百万俄罗斯人几乎每天抽哈希烟。据犯罪专家声称，由于这种需求，恶名昭彰的冷酷的俄罗斯黑手党将其非法触角伸进了印度。俄国哈希大亨已经在印度果阿周边的沿海旅游胜地安营扎寨，"接管了"当地的一些哈希农场，并且建立了通往俄国的秘密供货路线。

苏格兰

在苏格兰，据说东南亚贩毒团伙是哈希农场贸易背后的黑手，仅在2011年，被警察缉获的哈希价值即有4000万英镑。这些来自东方的毒枭在苏格兰各地的家庭农场种植大麻——多亏一份当地报纸的调查，真相才被首次揭露出来。

警方确信，一些房地产已经被改造成了毒品工厂，以通过非法贸易牟取暴利。在短短的四年间，警方与这些外国来的贩毒团伙作斗争，缉获了数量巨大的大麻植物，其面积足以覆盖格拉斯哥（Glasgow）的三个足球场：埃布洛克（Ibrox）、帕克黑德（Parkhead）和汉普登（Hampden）。被逮捕的304人中有75%是中国人，22%来自越南。这些被贩卖来的种植工人大多是邪恶毒枭的受害者。

新加坡

新加坡的反药物滥用法严惩哈希拥有者，即使数量微不足道。如果被定罪为携带大量毒品，即可被判处死刑。在该国法律的规定之下，滥用药物的举证责任在于被告，而不在政府。如果一个人被抓获拥有大量毒品，他就立即被认定是在贩卖。更有甚者，如果从一幢房子或一辆汽车里发现了非法药物，根据该法律，房主或车主即被断定是这些非法药物的拥有者，除非他能证明自己的清白。

南　非

据说，组织严密的帮派利用南非哈希（当地人称为"达伽"）的超低价格，可获得高达原价四十倍的利润。警方发出警告说，在哈希贸易背后的黑帮可能比贩卖可卡因和海洛因的人更富裕、更有势力。产于南非及邻近国家的哈希品种是世界上最烈性的，目前在英国缉获的哈希中有相当大的一部分来自南非。

斯里兰卡

在一代人的内战之后,"阳光天堂岛"斯里兰卡拼命地想促进其国家的和平与稳定,故而加紧了对哈希犯罪分子的追剿。2012年4月,警方拘捕了与哈希走私集团有联系的一名二十三岁的英国公民。他是一个街头戏剧艺术团的成员,据说是一位瘾君子。当他准备前往泰国时,在卡图纳亚克(Katunayake)机场被警方禁毒局(PNB)拘留了。他的朋友——另一位英国公民,试图捡起前者留下的包裹,也被捕了,包裹中的杂志里面夹藏着哈希。这两个人迄今一直否认对他们的指控。

泰 国

2011年,两名中国游客访问泰国时,在纳库鲁阿镇(Naklua)被查出携带哈希。他们声称自己根本不知道在泰国拥有和消费哈希是违法的。警方没有接受他们的遁词,这两个人被拘留起来,等候出庭。

土耳其

2012年7月,在土耳其东南部的迪亚巴克尔(Diyarbakir)省,警方在打击走私行动中缉获了26吨大麻。当地官员说,哈希生产是由库尔德斯坦社区联盟(KCK)组织的,它是一个伞式政治组织,其下属包括臭名昭著的恐怖主义集团、被禁止活动的库尔德工人党

（PKK）。在利察（Lice）、哈兹罗（Hazro）、科贾科耶（Kocakoy）和迪亚巴克尔市，PKK和KCK公开种植大麻，绝大多数被制作成哈希。PKK被欧盟和美国贴上了恐怖组织的标签，贩运毒品似乎是其主要的财政来源。

阿联酋

2011年1月，沙迦市（Sharjah）警方成功地实施了一项打击毒品行动，它是二十年来战果最为辉煌的一次。在接到举报和设置圈套之后，警方在当地港口缉获了2534公斤的哈希。毒品藏在穿越科奥费罕（Khorfakhan）水域的一艘船里。该走私船被一艘拖船拉到了岸边，嫌疑人供认了策划走私毒品到阿联酋的罪行。

警方说，当走私者开始在该市寻找哈希买家时，他们接到了举报。与此案有关的十二名伊朗人和两名巴基斯坦人被逮捕。

美　国

美国不断地对许多哈希生产国施加压力，旨在连根铲除所有的大麻植物。这个世界上最强大的国家，一直对那些从事哈希生意的人判处最重的刑罚。俄克拉何马州参议院最近通过了一项法案，规定对利用大麻植物制作哈希的罪犯最高可被判处终身监禁。

越　南

在跟美国的十年战争期间，越南因它的高品质哈希而闻名于世。但是，1975年战争结束之后，越南施行了世界上最严厉的反毒品贩运法。尽管如此,在河内购买大麻烟仍然是"很容易的",价格约10万越南盾(相当于6美元)一支。

2009年,年龄从四十二到五十七岁的五名外国男子,在越南被判处了死刑。他们贩运了近8吨的哈希,其目的地是加拿大。这批货物来自巴基斯坦,在即将通过越南的芒街港(Mong Cai)运往北美时,被越南海关人员缉获。

附　录
有史以来最大的十二起哈希缉获案

● 1984年11月，美国海岸警卫队发现了2.6万磅的哈希，藏在一艘20米长的名叫"阿莱克斯"的游艇里。这在当时是西海岸有史以来最大的一次缉获，在公开市场上其价值超过1000万美元。

● 2007年在阿富汗，联军部队发现了价值2亿英镑的哈希，深藏于交错的战壕和地下掩体里。缉获的毒品据说是用于资助塔利班的反西方战争。

● 2007年3月，美国得克萨斯州休斯敦市的执法当局缉获了超过1.9万磅的哈希，存储于停在该市西南偏僻地段的两辆黄色校车内。据美国移民和海关官员估计，这批哈希的街头价值近5000万美元。

● 2007年，美国当局缉获了27229磅的大麻，它属于大本营在墨西哥的"维克托"（Victor Emillio Cazares-Gastellum）毒品贩卖集团。据保守估算，这次缉获的大麻及其他毒品的街头价值为4520万美元。

这一卡特尔的400余名成员被逮捕，当局还没收了该组织的600万美元物业资产、百余件武器和94部车辆。

● 2008年4月，三名以色列人在英国南安普敦港被捕，涉嫌试图走私超过6吨重的哈希进入英国。当时警方称之为英国历史上最大的一次毒品缉获。那批哈希的买入价是数百万美元，预计在公开市场上可售得1500万美元以上。

● 2008年，阿富汗坎大哈省的警方缉获了估计是有史以来最大的哈希货存，批发价为4亿美元。重261吨的哈希——相当于30辆双层伦敦巴士的体积，被发现藏在几条战壕之中。该地点距巴基斯坦边境约40公里。

● 2009年10月，英军黑色手表团在阿富汗实施的一个三天攻击行动中，缉获了6吨哈希——占的面积像足球场那么大，在公开市场上的价值据说是"数亿"美元。该次攻击行动的目标是，在美国控制的赫尔曼德（Helmand）省南部加姆赛尔（Garmsir）区的拉卡里（Lakari）集市清除叛乱者的设备。

● 2009年，作为邻国加拿大镇压毒品走私行动的一部分，美国联邦药物稽查部门发现了5万磅的大麻，藏在纽约市皇后区一幢不起眼的房子里，街头价值是1.5亿美元。十个人因此案被捕。

● 2010年，在沙特阿拉伯的利雅得港（Riyadh），将近1.2万磅的哈希被截获，价值约3500万美元。与此案有关的七名东亚男子和一名阿拉伯男子被捕。沙特阿拉伯受伊斯兰教法管辖，对被判有罪的毒贩的惩罚是死刑。

● 2010年末，加拿大警方与四个不同国家进行了一次联合突袭，拘捕了八个人，并缉获了43吨多的印度哈希，街头价值约为8.6亿加币。

● 2011年，墨西哥的哈希贩运集团建造了一条跨越墨西哥和加利福尼亚边界的地下铁路，用于走私。当警方跟踪一辆可疑的卡车至提华纳（Tijuana）仓库时，发现了一条轻轨系统，它沿着500多米长的新挖隧道，顺畅无阻地将哈希运至加利福尼亚州内的一个地下匍匐通道。执法部门总共缉获了多达30吨的哈希，价值2000万美元。

● 2012年7月，美国药物管理局和阿富汗禁毒部门在一次联合缉查中，在阿富汗的坎大哈省发现了一个巨大的地堡，里面有大约3125公斤包装好的哈希和2500公斤的大麻叶，在公开市场上的总价值超过2亿美元。

新知文库

01 《证据：历史上最具争议的法医学案例》［美］科林·埃文斯 著　毕小青 译
02 《香料传奇：一部由诱惑衍生的历史》［澳］杰克·特纳 著　周子平 译
03 《查理曼大帝的桌布：一部开胃的宴会史》［英］尼科拉·弗莱彻 著　李响 译
04 《改变西方世界的26个字母》［英］约翰·曼 著　江正文 译
05 《破解古埃及：一场激烈的智力竞争》［英］莱斯利·罗伊·亚京斯 著　黄中宪 译
06 《狗智慧：它们在想什么》［加］斯坦利·科伦 著　江天帆、马云霏 译
07 《狗故事：人类历史上狗的爪印》［加］斯坦利·科伦 著　江天帆 译
08 《血液的故事》［美］比尔·海斯 著　郎可华 译　张铁梅 校
09 《君主制的历史》［美］布伦达·拉尔夫·刘易斯 著　荣予、方力维 译
10 《人类基因的历史地图》［美］史蒂夫·奥尔森 著　霍达文 译
11 《隐疾：名人与人格障碍》［德］博尔温·班德洛 著　麦湛雄 译
12 《逼近的瘟疫》［美］劳里·加勒特 著　杨岐鸣、杨宁 译
13 《颜色的故事》［英］维多利亚·芬利 著　姚芸竹 译
14 《我不是杀人犯》［法］弗雷德里克·肖索依 著　孟晖 译
15 《说谎：揭穿商业、政治与婚姻中的骗局》［美］保罗·埃克曼 著　邓伯宸 译　徐国强 校
16 《蛛丝马迹：犯罪现场专家讲述的故事》［美］康妮·弗莱彻 著　毕小青 译
17 《战争的果实：军事冲突如何加速科技创新》［美］迈克尔·怀特 著　卢欣渝 译
18 《口述：最早发现北美洲的中国移民》［加］保罗·夏亚松 著　暴永宁 译
19 《私密的神话：梦之解析》［英］安东尼·史蒂文斯 著　薛绚 译
20 《生物武器：从国家赞助的研制计划到当代生物恐怖活动》［美］珍妮·吉耶曼 著　周子平 译
21 《疯狂实验史》［瑞士］雷托·U. 施奈德 著　许阳 译
22 《智商测试：一段闪光的历史，一个失色的点子》［美］斯蒂芬·默多克 著　卢欣渝 译
23 《第三帝国的艺术博物馆：希特勒与"林茨特别任务"》［德］哈恩斯－克里斯蒂安·罗尔 著　孙书柱、刘英兰 译
24 《茶：嗜好、开拓与帝国》［英］罗伊·莫克塞姆 著　毕小青 译
25 《路西法效应：好人是如何变成恶魔的》［美］菲利普·津巴多 著　孙佩妏、陈雅馨 译
26 《阿司匹林传奇》［英］迪尔米德·杰弗里斯 著　暴永宁、王惠 译

27	《美味欺诈：食品造假与打假的历史》[英]比·威尔逊 著　周继岚 译
28	《英国人的言行潜规则》[英]凯特·福克斯 著　姚芸竹 译
29	《战争的文化》[以]马丁·范克勒韦尔德 著　李阳 译
30	《大背叛：科学中的欺诈》[美]霍勒斯·弗里兰·贾德森 著　张铁梅、徐国强 译
31	《多重宇宙：一个世界太少了？》[德]托比阿斯·胡阿特、马克斯·劳讷 著　车云 译
32	《现代医学的偶然发现》[美]默顿·迈耶斯 著　周子平 译
33	《咖啡馆中的间谍：个人隐私的终结》[英]吉隆·奥哈拉、奈杰尔·沙德博尔特 著　毕小青 译
34	《洞穴奇案》[美]彼得·萨伯 著　陈福勇、张世泰 译
35	《权力的餐桌：从古希腊宴会到爱丽舍宫》[法]让－马克·阿尔贝 著　刘可有、刘惠杰 译
36	《致命元素：毒药的历史》[英]约翰·埃姆斯利 著　毕小青 译
37	《神祇、陵墓与学者：考古学传奇》[德]C. W. 策拉姆 著　张芸、孟薇 译
38	《谋杀手段：用刑侦科学破解致命罪案》[德]马克·贝内克 著　李响 译
39	《为什么不杀光？种族大屠杀的反思》[美]丹尼尔·希罗、克拉克·麦考利 著　薛绚 译
40	《伊索尔德的魔汤：春药的文化史》[德]克劳迪娅·米勒－埃贝林、克里斯蒂安·拉奇 著　王泰智、沈惠珠 译
41	《错引耶稣：〈圣经〉传抄、更改的内幕》[美]巴特·埃尔曼 著　黄恩邻 译
42	《百变小红帽：一则童话中的性、道德及演变》[美]凯瑟琳·奥兰丝汀 著　杨淑智 译
43	《穆斯林发现欧洲：天下大国的视野转换》[英]伯纳德·刘易斯 著　李中文 译
44	《烟火撩人：香烟的历史》[法]迪迪埃·努里松 著　陈蕾、李欣 译
45	《菜单中的秘密：爱丽舍宫的飨宴》[日]西川惠 著　尤可欣 译
46	《气候创造历史》[瑞士]许靖华 著　甘锡安 译
47	《特权：哈佛与统治阶层的教育》[美]罗斯·格雷戈里·多塞特 著　珍栎 译
48	《死亡晚餐派对：真实医学探案故事集》[美]乔纳森·埃德罗 著　江孟蓉 译
49	《重返人类演化现场》[美]奇普·沃尔特 著　蔡承志 译
50	《破窗效应：失序世界的关键影响力》[美]乔治·凯林、凯瑟琳·科尔斯 著　陈智文 译
51	《违童之愿：冷战时期美国儿童医学实验秘史》[美]艾伦·M. 霍恩布鲁姆、朱迪斯·L. 纽曼、格雷戈里·J. 多贝尔 著　丁立松 译
52	《活着有多久：关于死亡的科学和哲学》[加]理查德·贝利沃、丹尼斯·金格拉斯 著　白紫阳 译
53	《疯狂实验史Ⅱ》[瑞士]雷托·U. 施奈德 著　郭鑫、姚敏多 译
54	《猿形毕露：从猩猩看人类的权力、暴力、爱与性》[美]弗朗斯·德瓦尔 著　陈信宏 译
55	《正常的另一面：美貌、信任与养育的生物学》[美]乔丹·斯莫勒 著　郑嬿 译

56	《奇妙的尘埃》[美]汉娜·霍姆斯 著	陈芝仪 译
57	《卡路里与束身衣:跨越两千年的节食史》[英]路易丝·福克斯克罗夫特 著	王以勤 译
58	《哈希的故事:世界上最具暴利的毒品业内幕》[英]温斯利·克拉克森 著	珍栎 译
59	《黑色盛宴:嗜血动物的奇异生活》[美]比尔·舒特 著 帕特里曼·J. 温 绘图	赵越 译
60	《城市的故事》[美]约翰·里德 著	郝笑丛 译
61	《树荫的温柔:亘古人类激情之源》[法]阿兰·科尔班 著	苜蕾 译
62	《水果猎人:关于自然、冒险、商业与痴迷的故事》[加]亚当·李斯·格尔纳 著	于是 译
63	《囚徒、情人与间谋:古今隐形墨水的故事》[美]克里斯蒂·马克拉奇斯 著	张哲、师小涵 译
64	《欧洲王室另类史》[美]迈克尔·法夸尔 著	康怡 译
65	《致命药瘾:让人沉迷的食品和药物》[美]辛西娅·库恩等 著	林慧珍、关莹 译
66	《拉丁文帝国》[法]弗朗索瓦·瓦克 著	陈绮文 译
67	《欲望之石:权力、谎言与爱情交织的钻石梦》[美]汤姆·佐尔纳 著	麦慧芬 译
68	《女人的起源》[英]伊莲·摩根 著	刘筠 译
69	《蒙娜丽莎传奇:新发现破解解终极谜团》[美]让-皮埃尔·伊斯мин鲍茨、克里斯托弗·希斯·布朗 著 陈薇薇 译	
70	《无人读过的书:哥白尼〈天体运行论〉追寻记》[美]欧文·金格里奇 著	王今、徐国强 译
71	《人类时代:被我们改变的世界》[美]黛安娜·阿克曼 著	伍秋玉、澄影、王丹 译
72	《大气:万物的起源》[英]加布里埃尔·沃克 著	蔡承志 译
73	《碳时代:文明与毁灭》[美]埃里克·罗斯顿 著	吴妍仪 译
74	《一念之差:关于风险的故事与数字》[英]迈克尔·布拉斯兰德、戴维·施皮格哈尔特 著 威治 译	
75	《脂肪:文化与物质性》[美]克里斯托弗·E.福思、艾莉森·利奇 编著	李黎、丁立松 译
76	《笑的科学:解开笑与幽默感背后的大脑谜团》[美]斯科特·威姆斯 著	刘书维 译
77	《黑丝路:从里海到伦敦的石油溯源之旅》[英]詹姆斯·马里奥特、米卡·米尼奥-帕卢埃洛 著 黄煜文 译	
78	《通向世界尽头:跨西伯利亚大铁路的故事》[英]克里斯蒂安·沃尔玛 著	李阳 译
79	《生命的关键决定:从医生做主到患者赋权》[美]彼得·于贝尔 著	张琼懿 译
80	《艺术侦探:找寻失踪艺术瑰宝的故事》[英]菲利普·莫尔德 著	李欣 译
81	《共病时代:动物疾病与人类健康的惊人联系》[美]芭芭拉·纳特森-霍洛威茨、凯瑟琳·鲍尔斯 著 陈筱婉 译	
82	《巴黎浪漫吗?——关于法国人的传闻与真相》[英]皮乌·玛丽·伊特韦尔 著	李阳 译

83 《时尚与恋物主义:紧身褡、束腰术及其他体形塑造法》[美]戴维·孔兹 著　珍栎 译
84 《上穷碧落:热气球的故事》[英]理查德·霍姆斯 著　暴永宁 译
85 《贵族:历史与传承》[法]埃里克·芒雄-里高 著　彭禄娴 译
86 《纸影寻踪:旷世发明的传奇之旅》[英]亚历山大·门罗 著　史先涛 译
87 《吃的大冒险:烹饪猎人笔记》[美]罗布·沃乐什 著　薛绚 译
88 《南极洲:一片神秘的大陆》[英]加布里埃尔·沃克 著　蒋功艳、岳玉庆 译
89 《民间传说与日本人的心灵》[日]河合隼雄 著　范作申 译
90 《象牙维京人:刘易斯棋中的北欧历史与神话》[美]南希·玛丽·布朗 著　赵越 译
91 《食物的心机:过敏的历史》[英]马修·史密斯 著　伊玉岩 译
92 《当世界又老又穷:全球老龄化大冲击》[美]泰德·菲什曼 著　黄煜文 译
93 《神话与日本人的心灵》[日]河合隼雄 著　王华 译
94 《度量世界:探索绝对度量衡体系的历史》[美]罗伯特·P.克里斯 著　卢欣渝 译
95 《绿色宝藏:英国皇家植物园史话》[英]凯茜·威利斯、卡罗琳·弗里 著　珍栎 译
96 《牛顿与伪币制造者:科学巨匠鲜为人知的侦探生涯》[美]托马斯·利文森 著　周子平 译
97 《音乐如何可能?》[法]弗朗西斯·沃尔夫 著　白紫阳 译
98 《改变世界的七种花》[英]詹妮弗·波特 著　赵丽洁、刘佳 译
99 《伦敦的崛起:五个人重塑一座城》[英]利奥·霍利斯 著　宋美莹 译
100 《来自中国的礼物:大熊猫与人类相遇的一百年》[英]亨利·尼科尔斯 著　黄建强 译